Dr. Joseph Murphy

Werde reich und glücklich

Entdecke Deine unendlichen Kräfte

WILHELM HEYNE VERLAG
MÜNCHEN

HEYNE ESOTERISCHES WISSEN
Herausgegeben von Michael Görden
08/9694

Titel der Originalausgabe:
YOUR INFINITE POWER TO BE RICH
Aus dem Amerikanischen übertragen
von Manfred G. Schmidt

Inhalt

15. Kapitel: Der wunderbare Reichtum
der Stille 219

Vorwort des Übersetzers

Nichts ist zu schön um wahr zu sein!« Dieser Kernsatz ist jedem Wahrheitssucher in Fleisch und Blut übergegangen. Deshalb ist er auch nicht im geringsten verwundert darüber, daß jetzt wieder ein vermeintlich neues Murphy-Buch vorliegt. Dieses Buch ist jedoch keineswegs neu. Es handelt sich vielmehr um das zweite in deutscher Sprache erschienene Werk von Dr. Joseph Murphy – 1966 unter dem Titel »Entfalte deine unbegrenzten Innenkräfte und werde reich« in kleiner Auflage erschienen und seit gut 20 Jahren vergriffen. Deshalb war es mir eine besondere Freude, »Your Infinite Power to Be Rich« neu zu übersetzen und zu bearbeiten. Die Bücher von Dr. Joseph Murphy haben seit 1964 auch in den deutschsprachigen Ländern einen unglaublichen Siegeszug angetreten. Die Zahl derer, denen sie wirksam helfen konnten, ist Legion. Allerdings haben sie zugleich auch einen Effekt ausgelöst, den Dr. Murphy mit Sicherheit nicht beabsichtigt hatte.

Mancher begeisterte Leser wird nämlich mit einigem Kopfschütteln bemerkt haben, daß sich mittlerweile auch einige Leute auf den Plan gerufen fühlten, die lediglich einem naiven Positivdenken das Wort reden und sich dabei frischfröhlich auf Dr. Joseph Murphy berufen, obgleich sie nichts weiter als die allersimpelsten Erkenntnisse bekannter Erfolgspsychologen vermitteln.

Bei Murphy geht es jedoch um weitaus mehr als nur um ein naives Positivdenken, bei dem das kleine Ego sich ganz wohl fühlen kann. Bei ihm geht das HÖHERE SELBST, das ICH BIN eben nicht leer aus, weil das von ihm erläuterte Konstruktivdenken auf einer seriösen spirituellen Wissensbasis beruht. Dieser Sachverhalt wird von jenen, die sich so gern auf ihn berufen, völlig außer acht gelassen. Sie meinen, das alles mit Affirmationen (Bejahungen) und Imaginationen (Verbildlichungen) auf die Reihe zu bekommen, bis das Unterbewußtsein dann irgendwann einmal »klick« sagt.

Dr. Murphy spricht aber immer wieder von »Göttlicher Ordnung«, d.h. vom Wirken der universellen Schöpferkraft, die Träger der konstruktiven Gedanken sein muß, will man die erwünschten Resultate erzielen. Eine von ihm gern gebrauchte Feststellung lautet: »Das beseelte Wort wirkt Wunder.« Damit ist klar und deutlich gesagt, daß unser »Wort« – der klar gefaßte Gedanke – »beseelt« sein, d.h. von der göttlichen Kraft getragen sein muß, daß – wie Spalding es ausdrückte – die bewegende Gotteskraft durch das, was wir denken und fühlen, hindurchgeht. Es geht also um das Einswerden mit der schöpferischen Quelle. Erst dann können wir uns etwas verbildlichen, und jede unserer Bemühungen wird von Erfolg gekrönt sein.

Möge jeder Leser, der dieses Buch nicht nur liest, sondern mit ihm arbeitet, den größtmöglichen Gewinn daraus ziehen.

Manfred G. Schmidt

Einleitung

Dieses Buch wurde für die Praxis geschrieben. Für die praktische Anwendung der in ihm dargelegten Prinzipien. So ist es auch für Menschen bestimmt, die dringend der finanziellen Versorgung bedürfen und danach streben, die Reichtümer zu beanspruchen, die das Leben für sie bereithält.

Es gehört in die Hände jener Männer und Frauen, die rasche Ergebnisse erwarten und auch bereit sind, die einfachen Techniken anzuwenden, die in diesem Buch eingehend erläutert werden. Auf den folgenden Seiten wirst du spezifische Einzelheiten und Beispiele kennenlernen und durch sie erfahren, was getan werden muß, um Reichtum zu erlangen, der dein natürliches Lebensrecht ist.

Du wirst den grundlegenden Gesetzen des Geistes – wie sie in diesem Buch dargelegt werden – zustimmen und sie ebenso anerkennen können wie die Feststellungen, die ein Edison oder ein Einstein im Hinblick auf die Gesetze und Prinzipien der Elektrizität bzw. der Mathematik getroffen haben, und du wirst durch ihre Anwendung ebenso erstaunliche und sichere Ergebnisse erzielen.

Beim Schreiben dieses Buches habe ich mich um einen klaren und einfachen Stil bemüht, so daß selbst ein zwölfjähriger Junge die hier aufgezeigten Techniken verstehen und anwenden könnte.

Alle in diesem Buch berichteten Fälle sind Erlebnisse von Männern und Frauen, die dadurch reich geworden sind, daß sie die beschriebenen geistigen Gesetze anwandten, obgleich sie meines Wissens den verschiedensten Religionsgemeinschaften angehören. Darüber hinaus stammen sie aus allen Einkommensschichten und sozialen Verhältnissen. Alle diese Menschen kamen zu Wohlstand, indem sie ihr Denken in einer ganz bestimmten Weise ausrichteten sowie durch den richtigen Gebrauch der Macht ihres Unterbewußtseins.

Im folgenden einige Highlights aus diesem Buch:

– Wie ein Verkäufer innerhalb von nur zwölf Monaten sein jährliches Einkommen von 5 000 auf 50 000 Dollar steigerte.

– Wie unzählige Leute mit wunderbaren Erfolgen von einer Zauberformel Gebrauch machen, um ihre Rechnungen zu bezahlen.

– Wie ein Geschäftsmann in Los Angeles eine Milliondollarformel anwandte und alsdann aus dem Nichts heraus eine millionenschwere Warenhauskette erschuf.

– Wie ein Zimmermann vom Gelegenheitsarbeiter zum Baumeister eines Wolkenkratzers aufrückte und ein riesiges Vermögen anhäufte.

– Wie ein mittelloser Mann die spezielle Dreistufenmethode zum Reichtum anwandte und dann auf der ganzen Linie erfolgreich wurde.

– Die faszinierende und fesselnde Geschichte eines wohlhabenden Bergbauunternehmers, der seinem Sohn

14

die Idee des Reichtums vermittelte, welche ihn befähigte, ein großer Chirurg zu werden; seine Geschichte liefert den Schlüssel zum Reichtum.

– Wie Mr. Tyng die uralten Weisheitslehren anwandte und eine millionenschwere Aktiengesellschaft gründete. Er entnahm die Formel für seinen Reichtum der Bibel und bewies damit ihre Wirksamkeit.

– Wie Dichter, Schriftsteller, Künstler, Wissenschaftler und Geschäftsleute aus der unendlichen Schatzkammer in ihrem Innern schöpfen.

– Wie ein zehnjähriger Junge ständig Geldgeschenke erhält, wo immer er sich aufhält.

– Wie man reich wird durch die Erkenntnis geistiger Gesetze und durch die Auffassung, daß all die fühl- und greifbaren guten Dinge des Lebens Wirklichkeit werden können.

Ein erfülltes und glückliches Leben zu führen, ist nicht möglich, ohne reich zu sein! Es gibt eine logisch-wissenschaftliche Methode, reich zu werden, und wenn du die Früchte eines reichen, glücklichen und erfolgreichen Lebens ernten willst, mußt du dieses Buch immer und immer wieder studieren. Führe alles genau aus, was dir darin unterbreitet wird, und du wirst dir damit den Weg eröffnen, um großartiger, schöner, glücklicher, reicher und herrlicher leben zu können.

Von dieser Seite an wollen wir gemeinsam den Weg in Richtung Reichtum gehen, einem Reichtum, den das Leben bietet – hier und jetzt.

1. Kapitel

Die Schatzkammer des Unendlichen

In der Bibel steht: »*Ich bin gekommen, auf daß sie Leben haben und es im Überfluß haben*« (Johannes 10:10).

Du bist hier, um ein erfülltes und glückliches Leben zu führen, um Gott zu verherrlichen und dich an ihm immerdar zu erfreuen. Aller geistiger, seelischer und materieller Reichtum des Universums sind Gottes Gaben, gut in sich selbst und zum guten Gebrauch bestimmt.

Gott ist der Geber *und* die Gabe; der Mensch ist der Empfänger. Gott wohnt im Menschen, das bedeutet, daß die Schatzkammer der Unendlichen Reichtümer sich in deinem Innern und überall um dich herum befindet. Durch das Studium der geistigen Gesetze wirst du in die Lage versetzt, alles, was du benötigst, aus diesem unbegrenzten Vorratshaus in dir herauszuholen und ein herrliches, frohes Leben in Fülle zu leben.

Dein Recht auf Reichtum

Du wurdest geboren, um reich zu sein. Du wirst reich, wenn du deine gottgegebenen Fähigkeiten gebrauchst und dich auf das Unendliche einstimmst. Sobald dein Denken an Produktivität zunimmt und voll guter Ideen ist, wird deine Arbeit produktiver werden und dir alle Arten materiellen Reichtums bescheren.

Es ist ein Gefühl des Einsseins mit Gott in deinem Herzen, das dich reich macht. Und du bist immer so reich, wie deine geistige Einstellung und dein Glaube an das Gute in allen Dingen zum Ausdruck kommen. Aller Reichtum des Unendlichen – in dir und außerhalb – ist dein, und du sollst dich daran erfreuen.

Es liegt nicht die geringste Tugend in der Armut, sie ist vielmehr eine Krankheit des Geistes und sollte deshalb von der Erde verschwinden. Du bist hier, um deinen wahren Platz im Leben zu finden und durch den Einsatz deiner Fähigkeiten anderen zu dienen. Du bist hier, um dich auf wundervolle Art zu entfalten, deinem gottgegebenen Potential gemäß, damit du aus deinem geistigen, seelischen und materiellen Reichtum schöpfen kannst – zum eigenen und zum Segen der Menschheit. Lerne es, dich ständig mit Schönheit und Luxus zu umgeben, und verwirkliche dein unveräußerliches Recht, in Freiheit und Frieden des Geistes zu leben.

Es ist dein göttliches Recht, die Macht, die Eleganz und den Reichtum des Unendlichen zu enthüllen, zu offenbaren und auszudrücken.

Was man wissen muß, um reich zu werden

Wir leben in einem Universum, in dem Gesetz und Ordnung herrschen, so daß all unsere Erfahrung, unsere Verhältnisse und Erlebnisse bestimmten Gesetzen unterstehen. In allen Dingen herrscht das unumstößliche

Gesetz von Ursache und Wirkung. Die Wissenschaft vom Reichwerden beruht auf dem Gesetz des Glaubens. *»Wenn du glauben kannst – dem, der da glaubt, ist alles möglich«* (Markus 9:10).

Das Gesetz des Lebens ist das Gesetz des Glaubens. Und Glauben heißt: aufrichtig etwas als wahr annehmen. Lebe im Glauben an ein überreichliches Leben, ein glückliches Leben, ein erfolgreiches Leben; lebe in der freudigen Erwartung des Guten, dann wird auch nur das Gute zu dir kommen. Der Glaube des Menschen bewirkt den Unterschied zwischen Wohlstand und Armut, zwischen Erfolg und Versagen sowie zwischen Gesundheit und Krankheit. Es ist ein kosmisches Gesetz, daß gleiche Gedanken immerfort gleiche Wirkungen hervorrufen. Daher werden jene Menschen, die klar und fest vom Unendlichen den Reichtum erwarten, ihn auch erhalten.

Du wurdest geboren, um reich zu sein

Du wurdest geboren, um ein erfülltes, glückliches und erfolgreiches Leben führen zu können, und bist dazu mit allem Nötigen ausgerüstet worden. Du wurdest geboren, um zu gewinnen, zu siegen, dich über alle Hindernisse zu erheben und um alle Herrlichkeiten und Schönheiten zu offenbaren, die in dir liegen. Alle Kräfte, alle Gaben und Eigenschaften Gottes liegen in dir. Dein Leben ist das Leben Gottes, und sein Leben ist nun dein Leben. Gott ist immer erfolgreich – in allem, was er unternimmt, ob es sich um die Erschaffung eines Baums handelt oder um den gesamten Kosmos. Du bist eins mit dem Unendlichen und *kannst* nicht versagen.

Du bist nicht hier, um dir nur gerade deinen Lebensunterhalt zu verdienen. Das Leben ist vielmehr ein Geschenk an dich. Du bist hier, um durch deinen Geist, deine Seele und deinen Körper die in dir liegenden Talente und Fähigkeiten zu offenbaren. Deine Wünsche nach Gesundheit, Fülle, Glücklichsein, Frieden und dem wahren Platz im Leben stellen die antreibenden Kräfte dar, sind Andeutungen des Unendlichen Lebens, das durch dich seinen Ausdruck sucht. Wünsche dir daher von nun an, nur das Beste aus dir zu machen!

Die drei Stufen, die einem Geschäftsmann Reichtum brachten

Ein befreundeter Geschäftsmann in Beverly Hills sagte mir einmal in seinem Laden: »Mein Bruder betreibt das gleiche Geschäft – nur einige Häuserblocks von hier entfernt. Sein Geschäft blüht, und er lebt in großem Reichtum. Kürzlich hat er noch zwei weitere Verkäufer eingestellt. Ich jedoch kann mit meinen Einnahmen kaum auskommen. Es liegt nicht an der Umgebung, auch nicht an der Ware; es muß an mir liegen.«
Ich bemerkte dazu, daß das Erlangen von Reichtum und das Vorwärtskommen im Leben nicht von einem bestimmten Geschäft oder einer besonderen Geschäftslage abhingen, sondern vom Denken des Menschen. Einige mit großen Talenten scheitern und bleiben arm, während weniger begabte Menschen oder solche mit einfacher Erziehung vorwärtskommen und oft die unmöglichsten Träume verwirklichen. Ich sprach mit ihm über drei Stufen, die unfehlbar zum Reichtum führen müssen. Er befolgte meinen Rat und machte bemerkenswerte Fortschritte:

1. Stufe: Treffe niemals eine negative Feststellung über deine Finanzen wie etwa »Ich kann meine Miete nicht bezahlen«, »Ich komme mit meinen Mitteln nicht aus«, »Die Geschäfte gehen schlecht«, »Ich kann meine Rechnungen nicht bezahlen« usw. Sobald solch ein negativer Gedanke in dir auftaucht, mußt du statt dessen bejahen: »Ich bin eins mit dem Unendlichen Reichtum in mir, und alle meine Bedürfnisse sind schon befriedigt.« Es mag notwendig sein, dies vielleicht 50mal in der Stunde zu wiederholen; wenn du jedoch beharrlich daran festhältst, wird der negative Gedanke aufhören, dich zu beunruhigen.

2. Stufe: Mache es dir zur Gewohnheit, während des Tagesablaufs deine Überzeugung und dein Vertrauen auf den unbegrenzten Reichtum zu festigen, indem du bejahst: »Gott ist mein immer gegenwärtiger Helfer in Zeiten der Not« und »Gott ist die unmittelbare Quelle meiner Versorgung, immer gegenwärtig mit all den nötigen Ideen – jederzeit und überall«.

3. Stufe: Bevor du dich dem Schlaf übergibst, wiederhole mehrfach: »Ich bin immer dankbar für Gottes Reichtum, der immer wirksam ist, immer gegenwärtig, unwandelbar und ewig.« Dieser Geschäftsmann befolgte getreulich dieses geistige Rezept und machte erstaunliche Fortschritte. Er rahmte sich das folgende Bibelzitat ein und stellte es auf seinen Schreibtisch: *»Die Wüste und das dürre Land werden sich freuen; und die Steppe wird frohlocken und aufblühen wie die Rose«* (Jesaja 35:1). Kürzlich sagte er zu mir: »Mein Geist war eine Wildnis und eine Wüste. Dort wuchsen nur das Unkraut der Unwissenheit und der Furcht sowie mangelndes Selbstvertrauen. Jetzt bin ich auf dem Weg des Erfolgs, der Tatkraft und des Wohlergehens.«

21

Eine Fülle an günstigen Gelegenheiten

Wir leben im Zeitalter der Weltraumforschung und der Weltraumfahrt, der Düsentriebwerke, der Elektronik sowie unzähliger Neuerungen und Entdeckungen in den Bereichen von Wissenschaft, Kunst, Medizin und Industrie. Auf dem Gebiet der Computer und Elektronik befinden wir uns allerdings noch in den Anfängen, und ein riesiges Feld für Unternehmungen aller Art tut sich vor uns auf; der Luftverkehr – sogar zu anderen Planeten – wird sich zweifellos zu einer enormen Industrie ausweiten, wodurch wiederum vielen Tausenden, ja Millionen von Menschen auf der ganzen Welt Existenzmöglichkeiten geschaffen werden.

Das ergibt eine Fülle günstiger Gelegenheiten für Männer und Frauen, die mit der Zeit gehen wollen und aufhören, gegen den Strom zu schwimmen. Das Gesetz des Reichtums ist das gleiche für dich wie für alle übrigen Menschen.

Es ist bekannt, daß die Menge der Früchte und Naturerträge, die jedes Jahr in den Tropen verfault, ausreichen würde, um die ganze Welt zu ernähren. Die Natur ist verschwenderisch in ihrer Fülle und Freigebigkeit. Mangel und Entbehrung bei den Menschen haben ihre Ursachen in einer schlechten, ungenügenden Organisation der Verteilung sowie im Mißbrauch der Gaben der Natur. Blicke nur mal auf das Baumaterial hier in den Vereinigten Staaten: Es gibt genug Bauholz, Steine, Zement, Eisen, Stahl und andere Materialien, um jeder lebenden Person in diesem Land ein herrschaftliches Wohnhaus zu errichten. Auch ist so viel vorhanden, daß sich alle Frauen wie Königinnen kleiden könnten und alle Männer wie Könige!

Die sichtbare Versorgung ist so gut wie unerschöpflich; denn die Unendliche Quelle *ist* unerschöpflich. Sie ist die Quelle, die nie versiegt. Alles in diesem Universum besteht aus einer einzigen, uranfänglichen Substanz. Der bloße Unterschied beispielsweise zwischen Kupfer, Blei, Gold, Silber, Holz, Stein oder deiner Armbanduhr besteht lediglich in der verschiedenen Umdrehungsgeschwindigkeit der Elektronen um den Atomkern. Die ganze Welt und alles, was es auf ihr gibt, besteht aus dieser einen universellen Substanz.

Der unbegrenzte Ideenschatz in deinem Innern erschöpft sich niemals. Wollten die Menschen mehr Gold und Silber, so könnten sie es sich aus den schon vorhandenen Elementen auf synthetischem Wege herstellen. Die Unendliche Intelligenz befriedigt immer deine Bedürfnisse, und es ist ihre beständige Natur, sich immer mehr zu vergrößern, auszudehnen und einen immer besseren Ausdruck durch dich zu finden.

Sie fand den Reichtum in sich selbst

Eine Frau, die sich jeden Morgen mein Radioprogramm anhört, schrieb einmal an mich: »Die Rechnungen stapeln sich; ich bin ohne Beschäftigung, habe drei Kinder und kein Geld. Was soll ich tun?«

Ich gab ihr den Rat, sich in entspanntem Zustand die Erfüllung ihrer Bedürfnisse vorzustellen und in folgendem kleinen Spruch zusammenzufassen: »Gott ist die Versorgung aller meiner Bedürfnisse, hier und jetzt.« Damit war die Verwirklichung all ihrer Wünsche gemeint – das Bezahlen der Rechnungen, eine neue Stellung, ein Heim, ein Ehemann, Nahrung und Kleidung für die Kinder und eine reichliche Versorgung mit genügend Geldmitteln.

Sie wiederholte die Worte immer und immer wieder – wie ein Wiegenlied. Zu jeder Zeit bejahte sie: »Gott ist meine Versorgung in all meinen Bedürfnissen.« Dabei überkam sie ein Gefühl der Wärme und des Friedens, bis sie den Punkt der Überzeugung erreicht hatte und der Erfüllung ihrer Wünsche gewiß war.

In kurzer Zeit erreichte diese Frau erstaunliche Resultate. Ihre Schwester, die sie seit 15 Jahren nicht mehr gesehen hatte, kam aus Australien zu Besuch, gab ihr 5 000 Dollar in bar und machte ihr außerdem noch andere Geschenke. Kurz darauf wurde sie Sekretärin bei einem Arzt, der sie innerhalb eines Monats heiratete. Nun ist sie überglücklich. Gottes Wege sind wahrhaftig das Größte, was man noch entdecken muß. Diese Frau hat wirklich den Schatz des Reichtums in sich gefunden.

Armut ist eine Krankheit

Der Begriff *Krankheit* beinhaltet Unwohlsein und Unbehagen – also einen Mangel an Wohlbehagen, Selbstsicherheit und Gleichgewicht. Wenn du dich umsiehst, findest du Menschen in allen Lebensbereichen, in allen Arten von Geschäften und Berufen, die reich werden und ihre Ziele erreichen, während andere unter ihnen unglücklich sind und arm bleiben.

Wenn du körperlich krank wärst, würdest du einen Arzt aufsuchen und eine gründliche Untersuchung bei dir vornehmen lassen, um dein Befinden so schnell wie möglich wieder zu korrigieren. Es ist völlig bedeutungslos, wie arm du augenblicklich auch sein magst; wenn du es dir zur Gewohnheit machst, deine Gedanken auf Reichtum, Fortschritt, Ausdehnung und Entfaltung auszurichten, wird dein Unterbewußtsein automatisch darauf reagieren, und dein Glück wird sich vervielfachen auf alle mögliche Weise.

Selbst wenn du tief in Schulden stecken und weder Geldmittel noch Einfluß oder sonstigen Besitz haben solltest – wenn du damit beginnst zu erklären: »Gottes Wohlstand durchströmt mich immer in meinem Leben, und überall ist Gottes Überfluß«, so werden sich sehr bald Wunder in deinem Leben ereignen!

»Es war ein Wunder!«

Während ich das erste Kapitel dieses Buches schrieb, rief mich eine ältere Dame an und erklärte mir: »Es war ein Wunder!« Sie und ihr Mann hatten nur eine kärgliche Pension bezogen und konnten kaum mit ihr auskommen. Ich hatte ihnen empfohlen, das folgende spezielle Gebet immer wieder anzuwenden: »Gottes Wohlstand durchströmt mich in meinem Leben. Seine Fülle bricht nun lawinenartig über mich herein, und ich danke jetzt für all mein Gutes, für Gottes Reichtum.«

Sie hatte sich daran gehalten, dieses Gebet verständnisinnig und mit Gefühl oftmals während des Tages zu wiederholen, und gegen Ende der zweiten Woche stand ein Mann an ihrer Tür (sie sagte: »Wie aus heiterem Himmel«) und erkundigte sich nach einem Stück Land, das sie besaß – inmitten einer Wüste. Dort gab es weder Gebäude noch Wasser, nur Gestrüpp und Kakteen. Seit Jahren schon hatten sie sich darum bemüht, das Land zu verkaufen, doch niemand wollte es auch nur ansehen.

Der Mann sagte: »Unsere Gesellschaft möchte dort in der Nähe zu Konstruktionszwecken ein Energiewerk errichten.«

Sie hatten 10 000 Dollar für das sogenannte »wertlose Stück Land« erhalten. Das war aber kein Wunder; vielmehr war es die Antwort ihres Unterbewußtseins auf ihre Anforderung. Die Wege des Unendlichen sind unergründlich.

Du kannst Kapital erwerben

Der Gedanke ist die einzige nicht greifbare und unsichtbare Kraft, der wir uns bewußt zu werden vermögen. Was immer du denkst, hat die Neigung, sich in deinem Leben zu verwirklichen, sofern du es nicht durch gegenteilige Gedanken neutralisierst. Deine bestimmte und positive Denkweise vermag mit Hilfe deines Unterbewußtseins Kapital zu erwerben.

Dein Unterbewußtsein verwirklicht das für dich, was du ihm durch dein gewohnheitsmäßiges Denken aufgeprägt hast. Denkst du Armutsgedanken, dann wirst du arm – ungeachtet dessen, wie reich du im Augenblick sein magst; denkst du dagegen gewohnheitsmäßig in Bildern des Reichtums (geistig, seelisch und materiell), dann mußt du reich werden – gemäß dem Gesetz der wechselseitigen Beziehungen. Mit anderen Worten: Wenn du denkst: »Wohlstand ist jetzt mein« und unbeirrbar auf dieser Vorstellung beharrst, dann wird dein Unterbewußtsein dir antworten, indem es auf alle mögliche Weise »Wohlstand« an dich verteilt – entsprechend der Natur deines Gedankenlebens.

Alle Erfindungen, Bauten, Strukturen sowie Städte und

Pläne aller Art – einschließlich der von Menschen geschaffenen Formen und entwickelten Verfahren stammen aus demselben unsichtbaren Speicher in uns. Wenn du daran denkst, dich von deinem Stuhl zu erheben, dann machst du die entsprechende Bewegung. Der Wissenschaftler hatte die Idee, Sprache und Musik in dein Heim zu bringen; die Resultate waren Rundfunk und Fernsehen. Die elektronischen Impulse wurden in Form, Sprache und Musik umgewandelt usw. Wir leben wahrhaftig in einer »Ideenwelt«.

Die göttliche Gegenwart dachte an eine Welt – und in Übereinstimmung mit diesem Gedanken regte sich der universale Geist und schuf die Form eines physikalisch-dynamischen Universums mit Sternen, Sonnen und Monden sowie einem endlosen Milchstraßensystem im Weltraum: All das ist das Erzeugnis eines universalen Denkers, der in einer methodischen, mathematischen Art und mit absoluter Präzision seine Vorstellung verwirklichte.

Der Dichter Joyce Kilmer sagt: »Nur Gott kann einen Baum erschaffen.« Bei der Erschaffung eines Baumes – sei es eine Eiche oder ein Apfelbaum oder was auch immer – denkt der Unendliche Geist an Bäume und setzt daraufhin jene Kräfte in Bewegung, die Bäume hervorbringen, dem Prinzip des Wachstums gemäß, das in der ganzen Natur konstant ist.

Das große Gesetz der Anziehung

Vor einigen Monaten zeigte mir ein Mann eine Erfindung technischer Art und sagte zu mir: »Ich brauche Geld, sehr viel Geld, um dafür zu werben.«

Ich erklärte ihm das Gesetz der Anziehung, mit dessen Hilfe alles herangeholt werden kann, was man braucht, um einen Traum verwirklichen zu können. Ich empfahl ihm, diese Wahrheit durch die nachfolgende geistige Anforderung zu beweisen: »Die Unendliche Intelligenz in meinem Unterbewußtsein stellt jetzt die Verbindung mit dem richtigen Betrieb her, der meine Erfindung fördern, verwirklichen und verkaufen wird. Es herrscht gegenseitige Zufriedenheit, Harmonie und göttliche Übereinstimmung, die allen Beteiligten zum Segen gereicht.« Diese Feststellung wurde zu seinem gewohnheitsmäßigen Gebet.

Sein Unterbewußtsein setzte sich in Aktion, und kurz darauf traf er im Wilshire-Ebell-Theater in Los Angeles, wo ich gerade einen Vortrag hielt, einen bekannten Geschäftsmann. Dieser Mann erklärte sich bereit, seine Erfindung zu fördern und in Verbindung mit den entsprechenden Stellen das Beste aus ihr zu machen. Kürzlich erzählte er mir, daß die Sache eine fabelhafte, ja revolutionäre Angelegenheit zu werden verspricht und daß großartige Gewinnmöglichkeiten bestehen.

Dieser Fall demonstriert das Gesetz der Anziehung. Entsprechend der subjektiven Weisheit eines Samenkorns, das alles zu sich heranzieht, was es zur Entfaltung und zum Wachstum benötigt, kann auch der Mensch bewußt jene Weisheiten und Ideen anziehen, die zur Verwirklichung seiner Ideale, Ziele und Objekte erforderlich sind, und dadurch ausgedehnten Wohlstand erlangen.

Bedenke, daß alles von Menschen Geschaffene und Entwickelte zuerst in deren Vorstellungsleben existieren mußte. Niemand kann etwas in Form bringen und verwirklichen, von dem er nicht vorher eine klare Vorstellung hat. Schließlich regieren Gedanken die Welt.

Zusammenfassung

1. Wende die Gesetze des Geistes an und hole alles aus dem Unendlichen Ideenspeicher heraus, was du benötigst, um ein herrliches und erfolgreiches Leben führen zu können.

2. Du wurdest geboren, um reich zu sein, und du bist hier, um ein erfülltes und glückliches Leben zu führen. Gott will, daß du glücklich bist.

3. Es gibt ein unumstößliches Gesetz von Ursache und Wirkung in allen Dingen. Glaube an Gottes Reichtümer und du wirst sie erhalten. Uns geschieht immer nach unserem Glauben.

4. Gott ist stets erfolgreich in allen seinen Unternehmungen. Du bist eins mit Gott, deshalb kannst auch du niemals versagen. Du wurdest geboren, um erfolgreich zu sein.

5. Aller Reichtum kommt aus dem Geiste. Allein deine mentale Einstellung entscheidet über Wohlstand oder Armut. Denke Reichtum, und Reichtum wird folgen; denke Armut, und Armut wird sich einstellen.

6. Eine Fülle von Gelegenheiten wartet auf dich; stell dich auf das Leben ein und höre auf, gegen den Strom zu schwimmen. Dein Unterbewußtsein verfügt über eine unendliche Anzahl von Ideen. Und eine neue Idee kann bereits 50 000 Dollar wert sein.

7. Ein großartiger Weg, mit der Unendlichen Schatzkammer in deinem Innern in Verbindung zu kommen, ist die gewohnheitsmäßige Bejahung: »Gott versorgt mich jetzt mit allem, dessen ich bedarf.« Wenn du dein Unterbewußtsein so programmierst, werden sich Wunder in deinem Leben ereignen.

8. Armut ist eine mentale Krankheit. Fordere kühn:

»Gottes Wohlstand durchströmt mich jetzt in meinem Leben und ständig herrscht göttlicher Überfluß.«

9. Dein Unterbewußtsein – der Speicher deines Reichtums – reagiert auf deine aufrichtigen Gedanken in einer Weise, die dir unbekannt ist.

10. Der Gedanke ist die einzige unstoffliche und unsichtbare Kraft, die dir bewußt ist. Dein klares und positives Denken kann dich mit Kapital versorgen.

11. Durch das Gesetz der Anziehung kannst du alles herbeischaffen, was du brauchst und dir wünschst – entsprechend der Art deiner gedanklichen Einstellung und Vorstellungskraft. Deine Umgebung und deine finanzielle Situation sind die genaue Widerspiegelung deines gewohnheitsmäßigen Denkens. Gedanken regieren die Welt.

2. Kapitel

Überall ist Reichtum

In der Bibel steht: »*Die Erde ist voll der Güte des Herrn*« (Psalm 33:5). Überall um dich herum ist Reichtum, weil das Göttliche – wenn auch unsichtbar – allgegenwärtig ist.

Betrachten wir doch nur einmal die Luft um uns herum: An ihr herrscht kein Mangel. Jeder Mensch kann einatmen soviel er will, dennoch verbleibt ein endloser Vorrat an Luft. Und gleichgültig ob du dem Ozean einen Fingerhut voll Wasser entnimmst oder eine große Flasche davon füllst – er wird dadurch nicht kleiner; er ist unerschöpflich.

Diese göttliche Gegenwart ist das Unendliche Leben. Es gibt kein Leben abseits davon. Die göttliche Gegenwart ist die gleiche Unendliche Substanz wie deine Gedanken und Gefühle die Substanz von all dem sind, was du darstellst, tust und besitzt.

Dein bewußtes Einssein mit dieser Gegenwart überwindet alle Gefühle von Verlust oder Mangel, weil es die Fülle des Seins ist, der lebendige Brunnen, aus dem alle Segnungen strömen und der alles versorgt, was existiert.

Es gibt genug von allen Dingen wie auch eine Fülle von

Gelegenheiten für jeden Menschen, der sich auf das Unendliche einstimmt und groß denkt. Der wird von der Einen Gegenwart eine Antwort erhalten und dadurch alle Dinge des Guten in seiner unmittelbaren Umgebung zum Ausdruck bringen.

Es ist des Vaters Wohlgefallen, dir das Reich der Gesundheit, des Glücklichseins, des Friedens und der Freude zu schenken und auch die Fülle der materiellen Dinge über dich auszuschütten.

Von allem ist genügend vorhanden

Erkenne jetzt klar, daß die schöpferische Kraft in deinem Innern *unbegrenzt* ist. Es gibt überhaupt keinen Grund, irgendeine Begrenzung zu sehen, du kannst alles erreichen; denn du schöpfst aus einer unbegrenzten Quelle, deshalb brauchst du dir niemals Gedanken darüber zu machen, daß du etwa mehr nehmen könntest, als dir zusteht. Das Unendliche ist unerschöpflich und ewig – gestern, heute und immerdar.

Des Menschen große Torheit ist es, den wahren Reichtum in sich selbst nicht zu erkennen und nach außen hin zu verwirklichen, sondern nur auf äußere Ergebnisse, Besitztümer und Lebensbedingungen zu schauen und darin den wahren Reichtum zu sehen, während die schöpferische Kraft in seinem Geist vorhanden ist.

Denke daran, es gibt keinerlei Begrenzung in allem, was du diesem unerschöpflichen Vorratshaus der Unendlichkeit entnehmen willst! Dein wahrer Wohlstand kommt in der Identifizierung deines Selbst mit der Quelle des Überflusses und des riesigen Reichtums zum Ausdruck. Denke »Überfluß«, d. h., denke umfassend, groß- und freizügig, und du wirst erleben, wie dir von allen Seiten Geld und zahllose andere Dinge zufließen, die nur die jeweils verschiedenen Arten des Überflusses darstellen.

Die Allmacht liegt in dir – dir steht eine unbegrenzte Kraft zur Verfügung: unendlicher Friede, grenzenlose Freude und absolute Harmonie. Dazu eine unerschöpfliche Anzahl von Ideen, die Fortschritt, Ausdehnung, Wertsteigerung und Förderung bedeuten. Diese kreativen Neuschöpfungen auf allen Gebieten sind dem Menschen, der sich mit Gottes Unendlichen Reichtümern in seinem Innern verbindet, in endlosen Variationen verfügbar. *»Alle Dinge sind bereit, wenn der Geist es ebenfalls ist.«*

Wie er seinem Gemüt Reichtum einprägte

Ich besitze den Brief eines Geschäftsmannes, dessen Inhalt in der Feststellung gipfelt, daß er in dem Glauben aufgewachsen sei, Armut sei eine Tugend, und daß diese abergläubische Vorstellung seinem Unterbewußtsein dermaßen eingeprägt worden war, daß es sein persönliches Gedeihen und seinen geschäftlichen Fortschritt blockiert hatte. Nachdem er jedoch eine Reihe meiner sonntäglichen Vorträge gehört hatte, sprach er mehrere Male am Tag mit Überzeugung folgende Bejahungen:

»Gottes Weisheit, Macht und schöpferische Energie drücken sich jetzt durch mich aus – wie der Zweig eines Baumes, der Ausdruck des Lebens dieses Baumes ist. Ich bin ein Sohn Gottes und somit Erbe aller Rechte und Segnungen von Gottes Unendlichem Reichtum. Ich richte mein Bewußtsein auf Gott, und ich fühle mein Einssein mit dieser unsichtbaren Gegenwart. Ich glaube an die Unendliche Substanz und meine unbegrenzte Versorgung. Mit aller Kraft meines Geistes akzeptiere ich, daß der Unendliche mich mit seinem Reichtum überschüttet und Harmonie, Inspiration, Segnungen und Fülle in mein Leben bringt. Ich bin eins mit dem Vater. Seine schöpferische Kraft ist mein. Seine Weisheit, Stärke, Intelligenz und sein Verständnis sind auch meine Weisheit, meine Stärke, meine Intelligenz und mein Verständnis. Die Unendliche Intelligenz leitet mich auf allen meinen Wegen, und ihr Geist des Überflusses ist mein Reichtum, mein Fortschritt, mein Gedeihen. Ich öffne meinen Geist und mein Herz dem Reichtum des Unendlichen, und Wohlstand folgt all meinem Bemühen. Gott und Mensch sind eins; mein Vater und ich sind eins.«

Dieses Gebet ist ebenso schön wie wirkungsvoll. Dieser Mann wiederholte es täglich drei- oder viermal in seinem Büro. Das Ergebnis war, daß er weitere drei Geschäfte eröffnen und 25mal mehr Menschen beschäftigen konnte, um diese Unternehmungen beaufsichtigen und leiten zu können.

Das sogenannte *Wunder* war einfach eine Umprogrammierung seines Denkens, sowie ein ständiges Üben seiner geistigen Schau, nur im Überfluß zu leben.

Die Ursache seiner finanziellen Schwierigkeiten und ihre Wandlung ins Gegenteil

Eines Tages besuchte mich ein Jugendlicher aus meiner Nachbarschaft im Alter von etwa 16 Jahren. Er beklagte sich darüber, daß ihm sein Vater nicht erlaubte, auf das College zu gehen, um Ingenieur zu werden. Sein Vater sagte ständig: »Wir haben nicht das Geld, um dich auf das College zu schicken. Wir können nicht einmal die Hypothek für unser Haus oder fällige Rechnungen bei der Bank bezahlen. Wir kommen doch nie mit unserem Geld aus. Vergiß es also!«

Die Ursache für den finanziellen Mangel im Leben des Vaters kannst du unschwer erkennen. Ständig verweilte er gedanklich im Mangel, in der Begrenzung und bei finanziellen Einschränkungen aller Art; sein Unterbewußtsein reagierte natürlich genau in der Art seines gewohnheitsmäßigen Denkens; denn: Denke an Reichtum, und Reichtum wird folgen; denke Armut, und Armut folgt.

Seine gewandelte Einstellung wirkte Wunder

Ich erklärte dem Vater dieses Jungen, daß alles, was er nötig hätte, nur ein Üben des Denkens und Fühlens von Reichtum und Überfluß sei. Er müsse sich beständig vorstellen, daß er jede Art von Reichtum besitze. So stellte er sich jeden Abend – vor dem Schlafengehen – lebhaft in Gedanken vor, daß er einen Brief von seinem Sohn erhalten habe, worin dieser ihm mitteilt, wie glücklich er sei, auf dem College zu sein; er danke ihm für alles, was er für ihn getan habe. Des weiteren bejahte er still und mit Gefühl: »Gott ist die ewige Quelle meiner Versorgung; er erfüllt alle meine Bedürfnisse in jedem Augenblick.«

Sobald im Verlauf des Tages negative Gedanken in ihm auftauchten, wie »Mein Geld ist knapp«, »Ich weiß kaum, wie ich meine Rechnungen bezahlen soll«, »Was kann ich schon geben?«, »Ich bin pleite« usw., erlaubte er ihnen niemals, sich in seinem Denken festzusetzen. Vielmehr beharrte er fest auf seinem Grundsatz, diese negativen Gedanken wirkungslos zu machen. Er erklärte sofort: »Gott ist die ewige Quelle meiner Versorgung. Er erfüllt meinen Bedarf unverzüglich.« Anfangs mußte er dies 30 oder 40mal in der Stunde tun, doch nach einigen Tagen verloren solche Gedanken immer mehr an Kraft und hörten schließlich auf, ihn zu beunruhigen.

Daraufhin gewann er auf fast unglaubliche Weise mit einem Glückslos eine große Geldsumme, die ihn von allen Sorgen und Schulden befreite. Dieses Ereignis gab ihm erhöhte Zuversicht und gesteigertes Vertrauen in die Kraft seines Geistes, zu allen Zeiten und überall seine Bedürfnisse zu befriedigen.

Heute ist sein Sohn auf der Universität seiner Wahl und äußerst dankbar dafür, daß sie auf solche Weise den wirklichen Reichtum entdecken konnten. Beide, Vater und Sohn, haben heute keine Angst mehr vor finanziellen Schwierigkeiten und durch sie verursachte Notlagen.

Eine magische Formel für das Zahlen von Rechnungen

Ein Apotheker in London, der vor einigen Jahren meine Vorträge besuchte, erzählte mir, daß der Beginn seines Unternehmens sozusagen am seidenen Faden hing. Er hatte seinerzeit die Apotheke mit geborgtem Geld eröffnet, sei jedoch von seinem Schwiegervater, von dem er das Geld geliehen bekam, ständig bedrängt worden, es zurückzuzahlen. Dadurch blieben fällige Rechnungen unbeglichen, und er befand sich in einer nahezu verzweifelten Lage.

Vor einigen Jahren hatte er jedoch in einem meiner Vorträge in der Caxton Hall in London folgendes gehört: »Jedesmal, wenn Sie eine Rechnung für irgend etwas erhalten, danken Sie sofort dafür, daß Sie die Summe zur Begleichung bereits *erhalten* haben.« Nachdem er ein bißchen über diese Philosophie nachgedacht hatte, begann er damit, dies regelmäßig und systematisch zu befolgen. Und jedesmal, wenn er seine Aufmerksamkeit auf »Vergrößerung« und »Vermehrung« richtete, begann sein Geschäft mehr und mehr zu florieren: Drei Ärzte in seiner Nachbarschaft leiteten auf einmal ihre Rezeptverordnungen nur seiner Apotheke zu. Ich freue mich sagen zu können, daß er heute Eigentümer von drei sehr erfolgreichen Apotheken in der City von London ist.

Das Gedankenbild des erhaltenen Rechnungsbetrages hatte sich allmählich in sein Unterbewußtsein gesenkt, und er wußte, daß die gedankliche Vorstellung von Geld die Substanz dessen ist, was man erhofft, ein Anzeichen von noch nicht Gesehenem. Diese magische Formel habe ich viele Geschäftsleute gelehrt; sie alle sind ewig dankbar für den Nutzen, den sie ihnen gebracht hat. »...*und alles, was ihr im Gebet glaubend begehrt, werdet ihr empfangen*« (Matthäus 21:22).

»...*denn wer* (das Bewußtsein des Seins oder Habens) *hat, dem wird gegeben werden, und er wird Überfluß haben*« (Matthäus 13:12).

Wie man finanzielle Probleme behandelt

Das Hauptprinzip in der Anwendung der Kunst des Reichwerdens liegt im Verstehen, daß der Gedanke die einzige unfühlbare, unsichtbare Kraft ist, welche aus dem unbegrenzten Vorratshaus sichtbaren Reichtum hervorbringen kann.

Jedes erschaffene Ding, jede Form und jeder Vorgang, den du in diesem Universum wahrnimmst, ist die sichtbare Verwirklichung eines Gedankens der Unendlichen Intelligenz. Das Unendliche denkt aufgrund einer Bewegung, der Gedanke wird zu dieser Bewegung, zur bewegenden Kraft. Wenn die Unendlichkeit an eine Form denkt, nimmt der Gedanke diese Form an. Auf diese Weise wurden alle Dinge auf dieser Welt erschaffen. Du lebst in einer Gedankenwelt, und um reich zu werden, um deine finanziellen Probleme lösen zu können, mußt du unausgesetzt in Gedanken des Wohlstands und des Erfolgs verweilen.

Gott mußte erst an einen Sequoia-Baum – den bekannten kalifornischen Mammut-Baum – denken, um ihn ins Sein zu bringen, der Gedanke wirkte, bis dieser Baum in Sichtbarkeit trat, wenngleich Jahrhunderte vergangen sein dürften, ehe er vollendet war. Wenn also der Unendliche Geist an einen solchen Baum denkt, bringt er nicht sofort die Gestalt eines ausgewachsenen Baumes hervor, sondern er setzt durch seine Idee all die nötigen Kräfte in Bewegung, die durch die in jedem Samen wirkende subjektive Intelligenz den Baum erzeugen.

Ebenso verhält es sich, wenn du den Wunsch hast, von allen finanziellen Sorgen befreit zu sein und nicht mehr in Geldverlegenheiten zu kommen. Du mußt begreifen, daß du ein Denker bist und infolgedessen Ideen und Vorstellungen ins Leben rufen kannst, die deinen Plänen und Absichten entsprechen. Du mußt dir ferner bewußt werden, daß alles, was bisher von dir gestaltet und geschaffen wurde, zuerst in deinem Geist als gedankliche Vorstellung vorhanden war. Du kannst nicht irgend etwas in dieser Welt schaffen, d. h. in Sichtbarkeit bringen, was du nicht zuerst *gedacht* hast.

Weil dies wahr ist, mußt du deinen Geist mit Wahrheiten erfüllen wie: »Ich habe absolutes Vertrauen in Gott und alle guten Dinge. Ich weiß, daß ich in der Lage bin, jeder Situation zu begegnen, und zwar jederzeit, denn Gott ist die unmittelbare Quelle meiner Versorgung, indem er mich stets zur richtigen Zeit und auf richtige Weise mit den nötigen Ideen beschenkt. Gottes Reichtümer strömen immerdar und ungehemmt in mein Leben, und immer herrscht göttlicher Überfluß. Indem ich diese Wahrheiten wiederhole, bin ich überzeugt, daß mein Geist imstande ist, für immer die göttliche Versorgung zu empfangen.«

Wenn du diese Wahrheiten mehrfach wiederholst und ihre Wirklichkeit in deinem Herzen fühlst, wird sich die Überzeugung des Überflusses in dir entfalten, und ungeachtet deiner augenblicklichen wirtschaftlichen Lage oder der Schwankungen am Aktienmarkt usw. wirst du stets reichlich versorgt sein, ganz gleich, in welcher Form das Geld dir zufließen mag.

Von 5 000 auf 50 000 Dollar im Jahr

Vor einigen Jahren fragte mich ein Verkäufer, der meine sonntäglichen Vorträge besuchte und sich auch mein tägliches Radioprogramm anhörte: »Wie kann ich 50 000 Dollar im Jahr verdienen? Ich bin verheiratet und habe drei Kinder, aber nur ein geringes Einkommen. Meine Frau muß mitverdienen, damit wir genug zum Leben haben.«

In vielen Fällen ist die Erklärung zugleich die Heilung. Ich erläuterte ihm, daß das Gedankenbild bzw. die geistige Vorstellung von Wohlhabenheit in seinem Denken die Ursache dazu ist, nämlich die tatsächliche Substanz des Wohlstandes – unbeeinflußt durch irgendwelche früheren Bedingungen des Mangels, der Beschränkung oder Einschränkung irgendwelcher Art.

Sein Ausgangspunkt war die gedankliche Vorstellung. Er erkannte, daß hier der Modus operandi zu allem Ausdruck liegt, sowohl für den universellen als auch für den individuellen Geist, der als solcher ja nur ein Teil des universellen Geistes ist. Der Verkäufer folgerte, daß alles, was er tun müsse, darin bestünde, seinem Unterbewußtsein ein entsprechendes Gedankenbild aufzuprägen, dann würde das Ergebnis (die Verwirklichung seiner Idee) in Erscheinung treten.

Nachstehend die Fortsetzung unserer Unterhaltung, die auf seinem an mich gerichteten Brief basierte: »Lieber Dr. Murphy, kurz nachdem ich mit Ihnen gesprochen hatte, unterzog ich mich in den folgenden drei Monaten jeden Morgen der ›Spiegelbehandlung‹. Ich stand vor meinem Spiegel und sprach – langsam, gefühlvoll und überzeugt – laut aus: ›John, du bist enorm erfolgreich, du verdienst 50 000 Dollar im Jahr, du bist ein hervorragender Verkäufer.‹ Ich wiederholte das etwa zehn bis zwölf Minuten lang jeden Morgen, fest davon überzeugt, damit schließlich in meinem Unterbewußtsein das mentale Äquivalent (die geistige Entsprechung) von

50 000 Dollar zu schaffen und mich mit dieser Summe gewissermaßen psychologisch zu imprägnieren. Ich wurde innerlich dazu geführt, eine Rednerausbildung zu absolvieren und vor etwa zehn Wochen hielt ich bei unserer jährlichen Vertreterversammlung einen Vortrag, zu dem mir der Vizepräsident gratulierte. Ich wurde befördert und erhielt einen weit einträglicheren Bezirk mit 10 000 Dollar jährlichem Einkommen. Meine Provisionen und das Gehalt hatten im vergangenen Jahr 50 000 Dollar überschritten. Wahrhaftig, der Geist ist die Quelle des Wohlstands und allen Reichtums im Himmel!«

Er arbeitete schwer, aber kam nicht vorwärts

Ich interviewte einmal einen Juniorchef, der sagte: »Ich arbeite schwer, verbringe viele Stunden im Büro und bete jeden Abend: ›Gott fördert mich in jeder Weise, und ich nehme jetzt mein Gutes an.‹ Und dennoch erreiche ich nichts – seit fünf Jahren habe ich keine Gehaltserhöhung mehr bekommen und sonst irgendeine Förderung erfahren.«

Er gestand jedoch, daß er immer eifersüchtig und neidisch auf den Erfolg und das Vorwärtskommen früherer Klassenkameraden in dieser Organisation gewesen sei. Seine früheren College-Freunde hatten die Sprossen der Erfolgsleiter erklommen und ihn übertroffen; darüber war er erbittert und kritisierte ihr Vorwärtskommen. *Aber genau dies war der Grund, weshalb er es zu nichts brachte!*

Negatives Denken über Mitarbeiter und das Verurteilen ihres Wohlstands, ihres Vorwärtskommens und ihres

Erfolgs veranlaßten den Wohlstand – um den er sich bemühte –, sich von ihm fernzuhalten. Er verurteilte *die* Dinge, um die er betete – die er sich selbst wünschte. Er schädigte auf diese Weise sich selbst, denn er war derjenige, der diese negativen geistigen Zustände dachte und fühlte. In Wirklichkeit betete er auf zwei Arten: Auf der einen Seite sagte er: »Gott bereichert mich jetzt« und – fast im selben Atemzug – laut oder in Gedanken: »Ich ärgere mich über die Gehaltserhöhung und Beförderung dieses Kollegen.«

Er begann zu begreifen, daß sein Geist ein schöpferisches Medium ist und daß die Gedanken, die wir über *andere* Personen denken, sich in unseren eigenen Erfahrungen und Erlebnissen zeigen.

Nun begann er seine geistige Einstellung zu ändern, indem er fortan allen seinen Mitarbeitern Gesundheit, Glück, Frieden und alle Segnungen des Lebens wünschte. Er machte es sich zur Gewohnheit, sich an ihrem Wohlergehen, ihrem Vorwärtskommen und ihrem Erfolg zu erfreuen. Indem er so in dieser geistigen Haltung verblieb, stellte sich auch bei ihm Aufstieg und Fortschritt ein. Seine veränderte geistige Einstellung wandelte damit auch seine Lebensverhältnisse.

Ein verbürgter Weg zu finanzieller Sicherheit

Das Geld ist ein Tauschmittel. Es ist ein Symbol für Freiheit, Schönheit, Luxus, Macht, Verfeinerung und für ein reiches, freudvolles Leben. Geld kann als eine göttliche Idee angesehen werden, die die volkswirtschaftliche Gesundheit der Nationen aufrechterhält. Es sollte weise, verständig und konstruktiv verwendet werden.

Finanzielle Sicherheit erreichst du, indem du deinem Gemüt die Tatsache einprägst, daß Geld nicht nur etwas Gutes ist, sondern etwas *sehr* Gutes, und daß es der Menschheit Segen bringt auf zahllose Weise. Sieh dich gedanklich immer wieder als ein Verteilungszentrum, das alle Arten von Reichtümern besitzt und diese Segnungen ständig über seine Mitmenschen ausschüttet. Wenn du das tust, öffnest du dich dem Einströmen immer größerer Güter.

Deine Motive sind recht, und du fühlst in deinem Herzen, daß du auch das Recht auf viel Geld hast; du erwartest, daß die Fülle wie eine Lawine über dich hereinbricht. Deine Sicherheit und dein Glück sind die Ergebnisse eines klugen Gebrauchs dieser Kraft und dieser Weisheit, die in deinem Unterbewußtsein wohnt. *Das Leben wird es dir lohnen, wenn du an deinen Erfolg glaubst und ihn als dein göttliches Recht annimmst.* Der wirkliche Schlüssel zur finanziellen Sicherheit liegt im unbeirrbaren Fühlen, Wissen und im Sich-Vorstellen, anderen in immer größerer, umfassenderer und wundervollerer Weise zu dienen. Stell dir Größeres vor, und größerer Erfolg und größere Fülle werden dich beglükken! Nimm alle Geldmittel, die du bekommst, in tiefer Wertschätzung entgegen und verwende sie reichlich unter dankbarer Anerkennung des unendlichen Seins, von dem aller Segen ausgeht.

Wenn du das folgende Gebet häufig anwendest, wirst du damit deinem Unterbewußtsein das Bild der finanziellen Sicherheit übermitteln:

»Ich weiß, daß das Geld eine Idee im göttlichen Geist ist; es versinnbildlicht Reichtum, Wohlstand und Fülle. Ich erkenne es als Tauschmittel an. Alle Ideen Gottes sind gut. Gott erschuf alles, und er erklärte seine Schöpfung für gut, für sehr gut. Das Geld ist gut. Ich verwende es weise, konstruktiv und mit Verstand. Ich gebrauche es zum Segen der Menschheit. Es ist ein sehr angenehmes, handliches Symbol. Ich erfreue mich an seinem Umlauf. Gottes Ideen sind für mich sofort verfügbar. Ich lebe in göttlichem Überfluß. Gott ist die Quelle meiner Versorgung, daher habe ich immer Überfluß. Wohlstand aller Art bricht in einer Lawine der Fülle über mich herein. Es gibt nur einen Gott und nur einen Geist. Jede Idee in Gottes Geist ist vollkommen. Meine Beziehungen zum Geld sind freundlicher Art. Es ist ein Symbol für Gottes Reichtum und seiner grenzenlosen Fülle. Die Idee des Geldes ist allgegenwärtig. Ich bin eins mit allem Reichtum der Welt; ich verwende ihn nur zum Guten und danke dir, Vater, für meine Versorgung!«

Zusammenfassung

1. Überall um dich herum ist Reichtum, weil du in Gott lebst, dich in Gott bewegst und in Gott dein Sein hast; und Gott lebt und bewegt sich und hat sein Sein in dir. Gott ist allgegenwärtig; daher ist all sein Reichtum überall gegenwärtig – in dir, außerhalb und um dich herum.
2. Die schöpferische Kraft in dir ist unbegrenzt und unerschöpflich. Dein wahrer Reichtum liegt in der Identifikation deines Selbst mit dem Geist des Überflusses.
3. Halte dein Gemüt auf Gott gerichtet, und spüre dein Einssein mit den Unendlichen Reichtümern in deinem Innern, und der Reichtum wird automatisch in dein Leben strömen.
4. Wenn du deine Gedanken auf Mangel, Begrenzung und Beschränkung richtest, wirst du damit Mangel und

Begrenzung jeder Art erschaffen. Das, worauf wir unsere Aufmerksamkeit richten, verstärken wir in unserer Welt.

5. Erkenne, daß Gott die ewige Quelle deiner Versorgung ist, die zu jeder Zeit all deine Bedürfnisse befriedigt, und Wunder werden sich in deinem Leben ereignen.

6. Eine magische Formel für das Bezahlen von Rechnungen und das Verbannen aller Schulden ist das *Danken* dafür, daß man mit der Rechnung zugleich auch den erforderlichen Betrag zu ihrer Begleichung erhalten hat. Diese Vorstellung wird sich immer mehr deinem Unterbewußtsein einprägen.

7. Deine Gedanken sind die einzige unstoffliche Kraft, die du kennst; mit ihr bist du jedoch imstande, aus dem unsichtbaren Vorrat an Reichtum sichtbaren Wohlstand hervorzubringen. Wer Reichtum *denkt*, wird Reichtum erschaffen; wer Armut denkt, erschafft Armut.

8. Dein Gedankenmuster oder Mentalbild von Wohlhabenheit ist der erste Vorgang, der zur Wohlhabenheit führt. Es ist die »*Substanz der Dinge, die man erhofft, und der Beweis der Dinge, die man nicht sieht*« (Hebräer 11:1).

9. Wenn du den Reichtum und Wohlstand eines anderen verurteilst, schadest du dir selbst. Dein Gemüt ist ein schöpferisches Medium, und was du einem anderen wünschst, das wünschst du dir selbst. Du bist der Denker, und dein Denken ist schöpferisch.

10. Du erlangst finanzielle Sicherheit, wenn du dich geistig mit der unbegrenzten, nie versiegenden Quelle der Versorgung identifizierst und den innigen Wunsch hast, anderen Menschen in noch besserer, größerer und wohlgesinnterer Weise zu dienen. Gott wird dich mit

allem versorgen, was du brauchst; denn überall ist göttlicher Überfluß.

*»Deshalb sage ich euch: Sorgt euch nicht um euer Leben,
was ihr essen oder was ihr trinken sollt, noch um euren
Leib, was ihr anziehen sollt! Ist nicht das Leben mehr als
die Speise und der Leib mehr als die Kleidung? Seht die
Vögel des Himmels an! Sie säen nicht und ernten nicht
und sammeln nicht in Scheunen und euer himmlischer
Vater ernährt sie doch«* (Matthäus 6:25/26).

3. Kapitel

Wissen ist Wohlstand

Die größte Entdeckung, die du machen kannst, ist, dir bewußt zu werden, daß es in dir eine Unendliche Kraft und Weisheit gibt, die dich befähigt, allen Schwierigkeiten Herr zu werden, alle Widerstände zu überwinden und alle Aufgaben zu lösen, die dir das Leben stellt. Du bist zum Siegen geboren und mit allen nötigen Talenten und Fähigkeiten ausgestattet, um dein Schicksal zu meistern und Herr deiner Seelenkräfte zu sein.

Bist du dir deiner geistigen Kräfte jedoch nicht bewußt, wirst du zum Spielball der Ereignisse und Bedingungen deiner Umwelt und neigst – infolge eines zu geringen Selbstvertrauens – dazu, dich selbst geringzuschätzen. Mit anderen Worten: Je weniger du über deine geistigen Kräfte weißt, um so mehr werden deine Lebensumstände über dich Macht gewinnen. Daher solltest du erkennen, daß eine überwältigende Kraft in dir ruht, die dich zu den Höhen des Glücklichseins, der Gesundheit, Freiheit und Lebensfreude emportragen kann, wenn du dir ihre Wirksamkeit bewußt machst und ihr ein positives Denken aufprägst.

Ihre Kenntnisse machten sich bezahlt

Als ich im August 1965 den berühmten Tempel von Delphi in der Nähe von Athen (Griechenland) besichtigte, unterhielt ich mich mit der Fremdenführerin. Sie sprach fließend Englisch, Französisch und Deutsch. Diese Sprachgewandtheit war einer Touristin unserer Gruppe aufgefallen, und diese machte ihr das Angebot, sie auf ihrer Reise durch Frankreich und Deutschland zu begleiten und anschließend als Erzieherin ihrer drei Kinder in New York zu wirken.

Das Gehalt sollte 400 Dollar pro Monat betragen – bei freier Unterkunft und Verpflegung. Die Fremdenführerin erzählte mir, daß sie jetzt etwa 100 Drachmen pro Tag verdiene (etwas mehr als 3 Dollar). Die ihr gebotene Gelegenheit kam ihr deshalb wie ein großer Traum vor; denn seit vielen Jahren hatte sie sich gewünscht, eine Reise in die Vereinigten Staaten unternehmen zu können – und nun sollte dieser Traum in Erfüllung gehen.

Das Interessante dabei war, daß diese junge Dame es sich zur Gewohnheit gemacht hatte, täglich voller Inbrunst zur Mutter Maria um mehr Geld zu beten, damit sie eines Tages nach Amerika reisen könne. Zweifellos hatten ihr blinder Glaube und ihr unerschütterliches Vertrauen in die Erfüllung ihres Wunsches einen tiefen Eindruck in ihrem Unterbewußtsein hinterlassen, und diese außerordentliche und eindeutige Reaktion war die Folge davon. Paracelsus sagte: »Ob das Objekt deines Glaubens richtig oder falsch ist, die Resultate werden immer gleich sein.«

Seine Vision war Wohlstand

Im Verlauf einer Vortragsreise durch England, Deutschland und Griechenland, die jeweils mehrere Tage Ferien in jedem der besuchten Länder einschloß, speiste ich einmal im Heim eines jungen Weinverkäufers und seiner charmanten Frau in Cork, Irland. Dieser junge Mann erzählte mir, er habe einmal die Vision gehabt, in seiner Firma zum ersten Weinverkäufer aufzurücken. Und dieser Wunsch sei nun kürzlich in Erfüllung gegangen. Man hatte ihn in das Hauptbüro nach Dublin gebeten, wo man ihm als äußeres Zeichen seines Erfolges eine goldene Uhr mit Widmung überreichte. Mit dieser Ehrung verbunden war eine bedeutende Erhöhung seines Einkommens. Er hatte in drei aufeinanderfolgenden Jahren die höchsten Umsätze erzielt.

Jeden Abend vor dem Schlafengehen bejahte dieser junge Mann: »Ich bin der erfolgreichste Verkäufer und werde dafür reichlich belohnt.« In seinem mentalen Vorstellungsbild sah er, wie seine Frau ihm zu seinem Erfolg gratulierte; daraufhin überließ er sich den Tiefen des Schlafs. Er ist ein begeisterter Leser meines Buches »Die Macht Ihres Unterbewußtseins«, das sein Leben völlig umgewandelt hatte.

Dieser junge Mann – der übrigens ein Verwandter von mir ist – hatte in keiner Weise die Absicht, mit irgend jemandem in seiner Firma zu konkurrieren. Sein Erfolg beruhte einzig und allein darauf, daß er seinem Unterbewußtsein das Bild des »erfolgreichsten Verkäufers« eingeprägt hatte, worauf sein tieferes Bewußtsein, das immer sofort reagierte, auf die ihm eigene und zuweilen ungewöhnliche Weise antwortete. Die Wege des Unendlichen sind jenseits allen Begreifens.

Wissen öffnet Türen

Während eines Ausflugs zum Tempel des Apollo in Griechenland fiel mir eine junge Griechin auf, die ein Buch unter ihrem Arm trug. Mir kam dieses Buch sehr bekannt vor, und bei näherem Hinsehen entdeckte ich zu meinem Erstaunen, daß es sich um mein Buch »Das Wunder Ihres Geistes« handelte. Sofort stellte ich mich ihr vor, und die Folge war, daß sie mich mit allen möglichen Fragen bombardierte.

Ihr größter Wunsch, so erzählte sie mir, sei es, in die USA auszuwandern. Auf der Amerikanischen Botschaft in Athen habe man ihr jedoch mitgeteilt, daß es noch Jahre dauern könne, bis sie dazu die Erlaubnis bekomme, und man verwies in diesem Zusammenhang auf die umfangreiche Warteliste. Sie sagte zu mir: »Ich habe alle die Techniken angewandt, die Sie in Ihrem Buch beschreiben, ich habe auch Antworten auf all meine Gebete erhalten, bis auf diese eine: die Einreiseerlaubnis in die Vereinigten Staaten zu erhalten.«

Sie hatte immer wieder systematisch, regelmäßig und getreulich bejaht: »Die Unendliche Intelligenz öffnet mir einen Weg, in göttlicher Ordnung in die Vereinigten Staaten auszuwandern. Wenn der Mensch sagt: ›Es gibt keinen Weg‹, dann sagt Gott, daß es einen gibt, und diesen Weg nehme ich jetzt an.«

Ich schrieb ihr eine persönliche Notiz, mit der Bitte um Weiterleitung an eine gute Bekannte von mir, eine brillante New Yorker Anwältin, die zugleich eine Studentin der *Science of Mind* war, und erklärte darin, daß jenes griechische Mädchen eine Schwester in New York habe, die seit vielen Jahren geschäftlich dort ansässig sei. Da sie im Augenblick jedoch krank sei, bräuchte sie ihre Schwester aus Griechenland dringend, um sich ihres Geschäftes anzunehmen und ihr auch sonst zu helfen. Die Anwältin handelte sofort und schickte dieser jungen Leserin meines Buches »Das Wunder Ihres Geistes« ein Schreiben nach Griechenland, worin sie ihr aufzeigte, welche legalen Schritte sie zu unternehmen habe, um die Einreise in die Vereinigten Staaten genehmigt zu bekommen.

Während ich dieses Kapitel schrieb, erhielt ich von der jungen Dame aus Athen eine Mitteilung folgenden Inhalts: »Es war kein Zufall, daß ich Sie traf, denn als ich Sie – gekleidet wie ein Geistlicher – sah und Sie sprechen hörte, wußte ich, daß ich einen Pfarrer aus Amerika vor mir hatte. Ich war überzeugt, daß Sie zu mir sprechen würden und irgendwie eine Antwort für mich bereit hätten.«

Ich war einfach nur der Kanal, durch den die Unendliche Weisheit ihres Unterbewußtseins fließen konnte als Antwort auf ihr beständiges, beharrliches Wünschen. Niemals gab sie auf, niemals schwankte sie oder stellte die Möglichkeit eines Auswegs ihres Dilemmas in Frage. Sie wußte ganz einfach, daß es eine Antwort gab, und ihre Beharrlichkeit, ihr Festhalten an der Sache ihres Glaubens sowie ihre Entschlossenheit führten zum Erfolg.

Der erste Schritt der Verwirklichung vollzog sich, als ihr die Stewardeß im Flugzeug ein Exemplar meines Buches »Das Wunder Ihres Geistes« schenkte und dazu sagte: »Das wird Ihnen helfen, Ihr Englisch auf eine bemerkenswerte Weise zu verbessern. Und wenn Sie sich danach richten, werden Sie sich eines Tages in Amerika wiederfinden.«

Die Wege des Unterbewußtseins sind immer wieder entzückend, faszinierend, bezaubernd und fesselnd.

Man erkennt immer mehr, daß den Wundern keine Grenzen gesetzt sind, denn das Unendliche geht niemals fehl.

Ihr neues Konzept brachte ihr einen Vertrag

In einem meiner Vorträge in der Caxton Hall in London, auf der zuvor erwähnten Reise, sprach ich über »Das erstaunliche Gesetz der Liebe«. Nach diesem Vortrag unterhielt sich eine Schauspielerin mit mir und vertraute mir an, daß sie das Theaterspielen aufgegeben habe, weil die unflätige Sprache in den modernen Stücken sie nur noch anödete. »Nun weiß ich«, sagte sie, »wo ich etwas falsch gemacht habe. Es bleibt mir einiges gutzumachen, denn ich hatte mich selbst erniedrigt und hegte starke Grollgefühle gegenüber dem Verleger, der mein neues Buch verunstaltet hatte. Morgen werde ich ausgehen und beweisen, daß die Liebe alles – Furcht, Haß und Groll – vertreibt.«

Ich hielt mich in London nur eine Woche auf, aber kurz vor meiner Abreise rief mich die Schauspielerin in meinem Hotel in der Bond Street an und berichtete mir voller Stolz und Freude: »Ich habe heute einen Vertrag unterzeichnet! Zwei Stunden lang habe ich gestern abend laut zu mir gesagt: ›Göttliche Liebe erfüllt meine Seele‹, dann schlief ich mit einem tiefen Gefühl der Liebe und des guten Willens zur gesamten Menschheit ein.«

Diese Schauspielerin hatte sich ein neues Konzept von der Bedeutung der Liebe erworben. In ihrem Gemüt hatte sie die Liebe auf den Thron erhoben, weil sie erkannt hatte, daß göttliche Liebe alles ihr nicht Gemäße auflöst. Liebe ist das universelle Lösungsmittel. Während meines Vortrags war sie zu der Erkenntnis gekommen, daß die gemeine Zeitungsente, die über sie verbreitet worden war und worüber sie in Wut geriet, sie nicht zu schädigen vermochte, wenn sie diesem Klatsch in ihren eigenen Gedanken keine Bedeutung beimaß. Vielmehr segnete sie alle jene, welche dieses absurde Gerede um sie verbreitet hatten, und war befreit.

Heute bin ich reich

Einmal sprach ich in einem Privathaus in München zu einer kleinen Gruppe über die Gesetze des Geistes. Der junge Mann, dessen Gast ich gewesen war, ist ein hervorragender Skilehrer. Auf einer seiner Klettertouren war seine Verlobte plötzlich von einer Lawine verschüttet worden und bereits tot, als sie geborgen wurde. Man hatte ihn angeklagt und in zwei Prozessen für schuldig befunden, bei einem dritten Verfahren jedoch von jeder Schuld freigesprochen. Nichtsdestoweniger blieb ein tiefes Schuldgefühl in ihm zurück. Er wurde von heftigen Gewissensbissen geplagt und fühlte sich außerdem durch bösartige Berichterstattungen in der Tagespresse verletzt.
Ich erklärte ihm, daß er in keiner Weise für die Handlungen anderer bzw. für deren eigensinniges Verhalten gegenüber seinen Anweisungen im Alpin-Klettern verantwortlich gemacht werden könne und fügte hinzu, daß es Leute gibt, die einen Todeswunsch bzw. einen Todeskomplex in sich haben und dadurch unbewußt tollkühne Wagnisse eingehen, die am Ende auf Selbstzerstörung bzw. Tötung hinauslaufen. Durch Selbstverur-

teilung und Haß gegen sich selbst werden Menschen oft dazu veranlaßt, sich zu Tode zu trinken, eine Überdosis Schlaftabletten oder sonst irgendein anderes Gift zu nehmen. Allmählich begann er einzusehen, daß er sich unnötig selbst bestrafte, daß er statt dessen das Mädchen segnen und sie Gott überlassen sollte, damit er und seine frühere Verlobte frei werden könnten. Ich bewies ihm, daß alle von uns auf diesem irdischen Plan den Auftrag bekommen haben, höher zu schreiten, und daß es unmöglich sei, seine Mutter, seinen Vater, seine Schwester, seinen Bruder und sonst einen geliebten Menschen für immer bei sich zu haben.

Die Zeit kommt bei allen, wo sie ihren Übergang vollziehen müssen, denn dies ist ein kosmisches Gesetz, universell gültig für alle Männer und Frauen der ganzen Welt. Daher sollten wir auf die flüsternde Stimme in unserem Innern hören und erkennen, daß der Übergang zur nächsten Dimension jedem von uns durch Gott bestimmt und vorgezeichnet ist. Infolgedessen kann es nur zum Guten sein, sonst würde es nicht geschehen.

Morbide oder depressive Gedanken – so führte ich weiter aus – würden einen geliebten Menschen nur zurückhalten. Wir müssen sie im Gegenteil lieben und Gott überlassen, wissend, daß ihre Reise nur vorwärts, aufwärts und gottwärts führt. Wenn wir an sie denken, sollten wir es in der Erkenntnis tun, daß Gottes Liebe ihre Seelen erfüllt.

Bei dieser Erklärung leuchtete ein Glanz in seinen Augen auf, und er rief aus: »Eine Last ist von mir genommen! Ich bin frei! Heute bin ich reich!«

Sie hieß ihre Idee willkommen

Bei einer Besichtigung des Tempels von Askleipios in der Nähe von Korinth lauschte ich hingerissen den Worten einer Fremdenführerin. Die Besucher erfuhren von ihr, wie die Menschen in antiken Zeiten zu diesem heiligen Schrein Pilgerfahrten unternommen hatten und dabei von allen möglichen Krankheiten geheilt worden waren, ja, daß die meisten von ihnen durch die freudige Erwartung, infolge ihrer lebhaften Vorstellungskraft und des blinden Glaubens schon geheilt waren, ehe sie ankamen. Antike Aufzeichnungen enthüllen – so fügte sie hinzu –, daß den Kranken von den Tempelpriestern Drogen verabreicht wurden, um sie in einen tiefen hypnotischen Trancezustand zu versetzen. Während dieses Zustands sprachen die Priester zu ihnen im Flüsterton, daß die Göttin sie besuchen und ihnen Heilung bringen würde. Archäologische Nachforschungen beweisen, daß damit zweifelsohne viele bemerkenswerte Heilungen erzielt werden konnten.

In der Diskussion über ihren Vortrag, vor allem über die in alten Zeiten angewandten Praktiken, fand ich heraus, daß unsere Fremdenführerin gründlich mit den Wirkungen des Unterbewußtseins vertraut gewesen sein mußte, denn sie sagte: »Natürlich, Dr. Murphy, alle diese Ergebnisse, die dem Schlaf im Schrein folgten, waren auf den festen Glauben jener Leute zurückzuführen, daß sie Heilung erlangen würden, was auch immer für Gebrechen sie haben mochten; ihnen geschah nach ihrem Glauben. Ihr inniger Glaube brachte den Heilstrom ihres Unterbewußtseins zum Fließen – während sie die Heilung auf die verschiedenen Göttinnen wie auch auf Askleipios, einen ihrer ältesten Götter, zurückführten.«

Diese junge Dame besaß den Reichtum des Gemüts, d. h. sie war bereits reich im Geist. Ihr Vater war Engländer, ihre Mutter Griechin. Beide Sprachen beherrschte sie fließend. In einer der Armengegenden von Athen war sie zur Welt gekommen, und ihre Eltern konnten sie zeitweise nicht zur Schule schicken, weil sie nicht über die Mittel verfügten, ihr die passende Kleidung zu kaufen. Deshalb bat sie Gott um eine Eingebung, wie sie sich aus den Fesseln dieser Armut befreien könnte, die alle ihre Hoffnungen erstickte und akute Depressionen verursachte.

Die Eingebung kam ihr spontan, sozusagen wie ein Blitz aus heiterem Himmel: amerikanische Kinder die griechische Sprache zu lehren. Unmittelbar darauf wandte sie sich an die Frau eines leitenden Angestellten einer Ölgesellschaft und bot ihr ihre Dienste an. »Das ist eine wundervolle Idee!« entgegnete ihr die Frau und engagierte sie sogleich für ein ansehnliches Gehalt. Später wurde sie in die Vereinigten Staaten sowie auch in andere Länder für die Ferien mitgenommen, ohne daß ihr dadurch irgendwelche Kosten entstanden.

Heute ist diese junge Dame wohlhabend und unabhängig, und es bereitet ihr noch immer Freude, den Touristen die Geschichte des alten Griechenlands erzählen zu können und über seine imposanten Tempel, seine mittelalterlichen Burgen und malerischen Inseln sowie über die heiligen Stätten aus antiker Zeit zu berichten. Sie hatte die ihr eingegebene Idee nicht auf die leichte Schulter genommen, sondern handelte sofort und bewies damit sich selbst, daß Ideen unsere Meister sind, von denen unser Lebensglück abhängt.

Du mußt deine Ideen bis zum Ende durchführen! Sag niemals: »Oh, das ist zu schön, um wahr zu sein!« Sag statt dessen: »Ich begrüße diese Idee! Ich nehme sie mit ganzem Herzen an, und sie wird sich zur rechten Zeit verwirklichen!«

Licht vertreibt die Dunkelheit

Ich hatte einmal ein interessantes Gespräch mit dem Abt eines der berühmten griechischen Klöster. Seiner Meinung nach – so betonte er – sei die mächtigste Aussage in der Bibel folgende Stelle: »*... denn der in euch ist, ist größer als der, der in der Welt ist*« (Johannes 4:4). Er fügte hinzu: »Die Erkenntnis, daß in den Tiefen meines Seins Gott weilt mit all seiner Macht und Weisheit, gibt mir Vertrauen und Sicherheit. Sobald ich um Erleuchtung oder Verständnis bitte, wie ich meine Probleme lösen soll, steigt eine neue Einsicht oder Idee in mir auf, und ich sehe durch die Probleme, wie das Licht Gottes die Dunkelheit in meinem Gemüt vertreibt.«

Dieser Abt hatte das Geheimnis des Lebens und damit die Quelle des Reichtums im Leben entdeckt. Beim Abschied sagte er mir: »Wirklichkeit ist nicht nur das, was wir gerade objektiv in dieser Erscheinungswelt wahrnehmen, sondern auch das, was wir denken, fühlen, uns vorstellen und glauben.«

Er sprach das aus, was auch allen Studierenden der geistigen Gesetze bekannt ist, nämlich, daß die Unendliche Ursache inwendig in uns und nicht außerhalb von uns ist. Bedenke: Der Schöpfer ist größer als seine Schöpfung. Der Denker ist größer als seine Gedanken; der Künstler ist größer als sein Kunstwerk. Gib deshalb irgendwelchen Umständen, Widerständen oder sonstigen Äußerlichkeiten keinerlei Macht. Gib dagegen alle

Macht, Hingabe, Treue und Vertrauen der einen schöpferischen Macht, die in deinem Denken und Fühlen wirksam ist. Dein Denken und Fühlen bestimmen dein Schicksal. Deine gedankliche Vorstellung – so gefühlt, als sei sie schon Wirklichkeit – wird »zur Substanz dessen, was man erhofft, und einer Überzeugung von Dingen, die man nicht sieht« (Hebräer 11:1).

Zusammenfassung

1. Du bist geistig so ausgerüstet, daß du alle Probleme, Hindernisse und Schwierigkeiten überwinden und letzten Endes über sie triumphieren kannst.

2. Wissen ist ein Kapital, das Zinsen trägt. So kann beispielsweise die Kenntnis einer Fremdsprache dir den Weg zum Wohlstand ebnen oder dir die Gelegenheit zu Reisen und aufregenden Abenteuern in jeder Beziehung bieten.

3. Deine geistige Schau und deine Selbsteinschätzung aktivieren dein Unterbewußtsein und führen automatisch das herbei, was du dir vorgestellt hast. Das Gesetz deines Unbewußten wirkt zwangsläufig.

4. Wissen öffnet verschlossene Türen. Wenn der Mensch sagt: »Es gibt keinen Ausweg«, dann spricht die unendliche Weisheit in dir: »Ich räume die Hindernisse weg, die vor dir aufgestellt sind, und niemand kann dem widerstehen... Ich habe vor dich eine offene Tür gesetzt, die kein Mensch schließen kann« (Offenbarung 3:8). Wenn du diesem inneren Helfer vertraust, werden Wunder in deinem Leben geschehen.

5. Verschaffe dir eine neue höhere Selbsteinschätzung. Dein neues Konzept von dir selbst wird dir Förderung

eintragen, neue Kontakte verschaffen und damit unver-
hofft Wohlstand bringen.

6. Für die Handlungsweise anderer bist du nicht verantwortlich. Alles, was du anderen schuldest, sind Liebe
und guter Wille. Dies befreit und erlöst dich von allen
Schuldgefühlen.

7. Heiße jede neue Idee, die in deinem Gemüt auftaucht, willkommen; denn sie ist eine Antwort auf dein
Gebet. Lebe mit dieser Idee, ziehe eine bestimmte Fol-
gerung aus ihr, und beweise dir selbst, daß eine neue
Idee Reichtum in dein Leben bringen kann.

8. Wenn du dich in einem geistigen Zwiespalt befindest,
dich mattgesetzt fühlst oder deine Wege irgendwo blok-
kiert bzw. lahmgelegt scheinen, dann verschaff dir ein
neues Gewahrsein, d. h. neues Licht oder Verständnis.
Mach dir bewußt, daß *er, der in dir ist, stärker als der ist,*
der in der Welt ist. Glaube daran, vertraue darauf, und
ein tieferer Einblick wird dir zuteil. Du wirst in die Lage
versetzt, durch alle Probleme hindurchzusehen. Denke
daran, daß Licht (Verständnis, Einsicht, Wahrheit, eine
neue Vorstellung) die Dunkelheit vertreibt! Lasse das
Unendliche Licht in dir leuchten, und alle Schatten
finanziellen Mangels werden von dir weichen.

4. Kapitel

Mach Gott zu deinem Partner

Als ich kürzlich einige Besichtigungsfahrten zu den herrlichen griechischen Inseln unternahm, traf ich viele Touristen aus Südafrika, Rhodesien, Australien und anderen Ländern. Dabei mußte ich immer wieder zu meinem Erstaunen feststellen, wie viele Geschäftsleute und freiberuflich tätige Menschen darunter waren, die über die Gesetze des Geistes Bescheid wußten. Die Meinung aller, die sich mit ihrem höheren Selbst verbunden fühlten, gipfelte etwa in der Feststellung:
»Wir betrachten Gott als unseren älteren, erfahrenen Partner und bitten Ihn um Führung in unserem Wirken und Handeln sowie darum, uns immer die richtigen Mitarbeiter zuzuführen. Wir bitten die Unendliche Intelligenz, sie möge uns den vollkommenen Plan für Herstellung, Verkauf und Vertrieb unserer Erzeugnisse offenbaren. So sind unsere Erfolge, unsere Leistungen das Ergebnis der inneren Führung, die unser hohes Selbst uns angedeihen läßt.«
Unter diesen Leuten waren Bauunternehmer, Architekten, Ingenieure, leitende Angestellte, Direktoren von Bergwerksgesellschaften sowie anderen riesigen Unternehmen. Für sie war und ist Gott stets ihr innerer Führer,

ihr Berater und Leiter in allen Lebenslagen. Durch diese Einstellung gelangten sie über alle Maßen zum Erfolg. *Sie gediehen auf eine Weise, die selbst ihre kühnsten Träume überstieg.*

Für viele andere wiederum ist Gott etwas, das sie in ein Schubfach legen und nur zu bestimmten Anlässen »hervorholen«: etwa an Feiertagen, zu Hochzeiten, Beerdigungen, Kindstaufe usw. Gott ist kein Wesen, das irgendwo hoch oben über uns thront; Gott ist die Allweisheit und Macht, die uns geschaffen hat, unseren Herzschlag in Gang hält, das Haar auf unserem Kopf wachsen läßt und alle lebenswichtigen Organe überwacht – auch dann, wenn wir uns in tiefstem Schlaf befinden. Wenn du aber diese Weisheit und Macht in dir nicht anerkennst und anzuwenden weißt, ist es genauso, als wäre sie nicht vorhanden.

Gott ist der Name für den Unendlichen Geist, die Unendliche Intelligenz in deinem Innern. In Wirklichkeit wendest du diese Kraft ständig an, ob du dir dessen bewußt bist oder nicht. Wenn du beispielsweise deinen Finger bewegst, dann ist es die Kraft Gottes in dir, die dich dazu befähigt; wenn du ein Problem löst, ist es die wirkende Intelligenz in dir, die dir die Lösung eingibt; wenn du dich in den Finger schneidest, sorgt die Unendliche Heilkraft Gottes in dir dafür, daß die Blutung zum Stillstand kommt und sich neue Zellen um die Schnittwunde bilden, damit die vollkommene Gesundheit wiederhergestellt wird. Wenn du dein Kind mit Liebe umhegst, gebrauchst du einen Teil der unendlichen Liebe Gottes; wenn du Frieden stiftest und für Ausgleich sorgst, bringst du einen Teil des vollkommenen Friedens Gottes in Sichtbarkeit. Verbünde dich mit Gott und laß auch in finanzieller Hinsicht nur Gutes in deinem Leben geschehen.

Teilhaben am Glück

Auf der Insel Moni in der Nähe von Athen hatte ich ein ausgedehntes Gespräch mit einem Schriftsteller aus Johannesburg (Südafrika). Dabei brachte er einige interessante Punkte zum Ausdruck. Er berichtete mir, daß eine Reihe seiner Artikel anfangs regelmäßig abgelehnt wurden und sein erstes Buch mit dem Vermerk »Nicht gelesen« bzw. »An Veröffentlichung nicht interessiert« zurückgekommen sei. So hatte sich bei ihm so etwas wie ein »Ablehnungs- bzw. Versagerkomplex« gebildet, bis er eines Tages ein Buch in die Hand bekam, das über die Gesetze des Geistes berichtete und damit den Anstoß zu einer völligen Wandlung seines Denkens gab.

Er bemühte sich fortan, positiver zu denken und seine Vorstellungskraft konstruktiver einzusetzen, gründlicher über die Charaktere und die besonderen Situationen in seinen Romanen nachzudenken, sowie die Handlungen darin auf die Wahrheit abzustimmen, die er zum Ausdruck bringen wollte. Außerdem hatte er es sich zur Gewohnheit gemacht, morgens und abends etwa für eine halbe Stunde lang konsequent zu bejahen: »Gottes Weisheit schreibt diesen Roman durch mich. Mein Intellekt ist erleuchtet, und ich schreibe einen Roman, der den Menschen zum Wohl und Segen gereicht.«

»Oft«, so sagte er, »wenn ich morgens erwache, dann ist es mir, als ob der Roman sich durch mich selbst schreiben wollte; mein Unterbewußtsein diktiert mir aus dem Inneren heraus.« Seit er in diesem Sinne verfährt, sind alle seine Texte angenommen worden. Mit Hilfe seiner Feder schöpft er aus der reichen Schatzkammer in seinem Innern und erhebt damit die Seelen seiner Leser.

Er entdeckte, daß sein Geist ein Teil des Universellen Geistes Gottes ist und daß, wenn er seinen Geist in der richtigen Weise gebraucht, er stets eine Antwort aus seinem tieferen Bewußtsein erhält. Dieser Schriftsteller führt seinen finanziellen Erfolg in der Hauptsache auf seinen tiefen Glauben an die biblischen Worte zurück: *»Wenn aber jemand von euch an Weisheit mangelt, so bitte er von Gott, der allen willig gibt und nichts vorwirft, und sie wird ihm gegeben werden«* (Jakobus 1:5).

Vertrauen ist Wohlstand

Der Höhepunkt einer Griechenlandreise ist zweifellos ein Abstecher zum Kap Sunion, das äußerst eindrucksvoll von dem weißen Marmor des Poseidon-Tempels beherrscht wird. Beobachtet man von dieser Landzunge aus den Sonnenuntergang, so erlebt man eine Abendstimmung von seltener Pracht und unbeschreiblicher Schönheit.

In einer solchen Atmosphäre unterhielt ich mich sehr ausführlich mit meiner Führerin und erfuhr so ihre Lebensgeschichte. Im Armenviertel von Athen war sie zur Welt gekommen und hatte deshalb als Mädchen schon einen tiefen Minderwertigkeitskomplex. Oft beobachtete sie die vielen Touristen, wie sie sich Einheimische als Fremdenführer engagierten, um zu den geheimnisumwitterten historischen Stätten Griechenlands gebracht zu werden. Eines Tages sagte das Mädchen zu seinen Eltern, es wünsche sich, klug und intelligent zu sein, um als eine solche Fremdenführerin ihr Geld zu verdienen. Die Eltern lachten ihr Kind jedoch aus und erinnerten es daran, daß Erziehung und Ausbildung nur etwas für die Reichen sei und nichts für jemanden, der auf der »falschen Straßenseite« geboren worden sei.

Diese Einwände beachtete die junge Frau jedoch nicht, sondern hielt an ihrer Idee fest. Und als sie groß geworden war und die höhere Schule besuchte, fragte sie einmal den Leiter, ob sie Archäologin werden könnte. Er antwortete ihr darauf mit: »Ja, wenn Sie genug Vertrauen zu sich selbst haben. Und Vertrauen zu sich erhalten Sie durch Ihren Glauben, daß mit Gott alles möglich ist.«

Sie sagte zu mir: »Seitdem trug ich diese Worte in meinem Herzen und lebte nach ihnen. Jetzt bin ich bereits im dritten Jahr meines Archäologiestudiums und werde in etwa zwei Jahren meinen Fähigkeitsnachweis erhalten.«

Ihr Vertrauen in die eigene Kraft, das werden zu können, was zu sein sie sich wünschte, hatte sich in Geld, Begeisterung, Liebe zur Arbeit, Lebenskraft, Charme und eine wundervolle, strahlende Persönlichkeit umgewandelt. Und dies war ihr biblisches Lieblingszitat: »*Übrigens, Brüder, seid stark in dem Herrn und in der Macht seiner Stärke*« (Epheser 6:10).

Die Idee, Archäologin zu werden, hatte sie in ihrem Geist auf den Thron erhoben. Sie wurde somit vorherrschend und hoch wirksam; ihr Unterbewußtsein – voller Weisheit und Kraft – verwirklichte sie dann in göttlicher Ordnung.

Der Genius ist in dir

Während dieser Reise speiste ich einmal mit einem bekannten Geschäftsmann aus Kapstadt (Südafrika), der auch zur Reisegesellschaft gehörte. Er erzählte mir freimütig, daß er vor Jahren in Kapstadt viermal geschäftlich Schiffbruch erlitten hatte, weil er auf den Rat sogenannter »Experten« hörte. Er war ganz ihren Anweisungen gefolgt beim Eröffnen von Filialen, bei der Werbung und der Verkaufsförderung usw. Er betonte immer wieder, daß die Ursache all seiner Sorgen darin zu suchen war, daß er sich auf andere verlassen hatte. Somit war sein Versagen auf einen Mangel an Bewußtwerdung, daß der Genius jedes Menschen in ihm selbst liegt, zurückzuführen, und seine Leiden, sein Elend waren die logische Folge davon.

Seine Frau riet ihm, seinem höheren Selbst zu vertrauen. Sie schrieb ein Zitat aus der Bibel ab und legte ihm nahe, im Geiste danach zu leben; der Erfolg würde ihm dann sicher sein. Der Schlüssel zum Erfolg waren die Worte: *»Mein Gott aber wird alle eure Notdurft erfüllen nach seinem Reichtum in Herrlichkeit . . .«* (Philipper 4:19).

Daraufhin begann er, sich innerlich auf das Göttliche in sich einzustimmen und erkannte, daß kein Problem so groß sein kann, daß es nicht zu lösen sei, weil Gott – die Allweisheit in ihm – stets auf seinen Ruf antwortet. Nicht länger mehr schaute er auf Umweltbedingungen, Lebensumstände und Probleme, als seien sie ihm überlegen. Im Gegenteil, nunmehr packte er jede Schwierigkeit in gläubigem Vertrauen und in der Überzeugung an, daß es immer einen Ausweg gibt und daß am Ende die Freude über das Gelingen herrscht. Er begann damit, die Herausforderungen gern zu haben, die ihm auf seinem Lebensweg begegneten.

Auf diese Weise entdeckte er mehr und mehr eine Weisheit und Intelligenz in sich und starrte nicht mehr wie hypnotisiert auf äußere Bedingungen und Umstände, die sich ihm entgegenstellten. Heute ist er ein enorm erfolgreicher Mann, der Hunderte von Menschen bei sich beschäftigt. Und mit der Freude des Erfolgreichen unterstützt er verschiedene Studien- und Wohlfahrtsorganisationen. *»Wer festen Herzens seinen Sinn auf dich gerichtet hält, den bewahrst du in Frieden, denn er verläßt sich auf dich«* (Jesaja 26:3).

Du kannst triumphieren

Während meines Aufenthalts in einem Frankfurter Hotel traf ich einmal einen Arzt. Er erzählte mir, daß er sich mühsam den Weg durch das Studium bahnen und es selbst finanzieren mußte. Und bei der Abschlußprüfung bedrängten ihn Gedanken wie: »Du hast kein Geld«, »Du kannst keine Praxis in einer netten Umgebung eröffnen«, »Du kannst es dir nicht leisten, deine Praxisräume modern und zeitgerecht auszustatten« usw.

Da er aber Medizinische Psychologie studiert hatte, war ihm bewußt, daß es sich hier um negative Suggestionen handelte, die zwar seine Gedanken beunruhigten, als solche aber keinerlei Macht besaßen. Er wußte ferner, daß die einzige schöpferische Kraft in seinem eigenen Denken und Fühlen zu suchen sei. Daher setzte er sein ganzes Vertrauen in diese Kraft seines eigenen Geistes, anstatt auf die falschen und begrenzenden Suggestionen äußerer Verhältnisse zu hören.

Er beachtete daher die Hindernisse, Verzögerungen und Schwierigkeiten nicht, sondern vertraute auf die schöpferische Kraft seines Geistes, die ihm die ideale Praxis zuführen werde. Er läuterte sein Denken und malte sich beharrlich und entschlossen aus, wie er sich in einer luxuriös ausgestatteten Arztpraxis befand, umgeben von den modernsten Ausrüstungsgegenständen und forderte die Unendliche Intelligenz seines Unterbewußtseins auf, sich nun in Tätigkeit zu setzen und all dies in göttlicher Ordnung in Sichtbarkeit zu bringen.

Kurz darauf suchte ihn eine Frau im Hause seines Vaters auf, wo er sich vorübergehend eine Praxis eingerichtet hatte. Die Frau klagte über heftige Schmerzen; die sofort erstellte Diagnose lautete: akute Blinddarmentzündung. Er brachte die Frau sofort in die Klinik zur Operation, von der sie sich bemerkenswert rasch erholte und genas.

Schließlich verliebten sich beide ineinander, und sie finanzierte nicht nur seine neue Praxis, sondern kaufte ihm auch einen Rolls-Royce, der zu ihrem Hochzeitstag aus England eintraf. Der Vater seiner jungen Frau, ein ungeheuer wohlhabender Industrieller, freute sich über die Gelegenheit, die Praxis seines Schwiegersohnes mit den neuesten Geräten und Einrichtungen der modernen Medizin ausstatten zu können.

Diese Geschichte zeigt, daß du niemals das Opfer deiner Lebensumstände sein mußt, es sei denn, du glaubst daran. Laß dich von der grenzenlosen Weisheit des Unendlichen Einen durchströmen, dann werden sich auch alle finanziellen Angelegenheiten in deinem Leben zu deinen Gunsten wandeln, und zwar unmittelbar und auf wundervolle Weise.

Alles, was du dabei tun mußt – ähnlich dem jungen Arzt – ist, deine innere Kraft zu entdecken und mit ihr vertraut zu werden. Das nennt man *Selbstverwirklichung*. Dann fühlst du dich von der göttlichen Kraft durchdrungen. Doch Tausende von Menschen auf der ganzen Welt bleiben krank, enttäuscht, mutlos und der Armut verhaftet – aus dem einfachen Grund, weil sie sich in keiner Weise ihres göttlichen Selbst in sich bewußt werden.

Deine Aufgabe – und meine Aufgabe – ist es, sich dieser göttlichen Gegenwart stets bewußt zu sein und uns selbst von Hemmungen, Enttäuschungen und Armut freizumachen. *»Befreunde dich doch mit Ihm und halte Frieden; dadurch wird Wohlfahrt über dich kommen«* (Hiob 22:1). Mach dich mit deinen inneren Kräften vertraut, und du wirst Glück, Wohlstand und Seelenfrieden erlangen!

Du kannst ebenso zufrieden und glücklich am Hollywood Boulevard leben wie in der Nähe der Seen von Killarney. Der Wohnort hat nämlich nichts mit deinem Wohlstand, deiner Gesundheit oder deinem Erfolg zu tun. Deinen Erfolg, deinen Wohlstand und dein Wohlergehen schaffst du dir selber.

Dein höheres Selbst spricht immer durch dich – auch in diesem Moment –, indem es dich drängt, vorwärts, aufwärts und gottwärts zu schreiten. Gott spricht zu jedem von uns durch unsere Wünsche, die also in Wirklichkeit Seine Stimme sind und womit er Seinen Ausdruck durch uns sucht.

Du bist das Unendliche Instrument Gottes und du bist hier, um Seine Melodie erklingen zu lassen. Beginne jede neue Aufgabe, jede Arbeit, jedes Studium – sei es, was es mag – mit Eifer, Begeisterung und Vertrauen. In der gleichen freudigen Stimmung, mit der du etwas beginnst, wirst du es schließlich auch vollenden. Beginne dein Vorhaben im Bewußtsein der Liebe Gottes, dann wirst du es auch beenden in der Liebe des Guten oder Gottes. Beginne jedes neue Vorhaben im Glauben und Vertrauen auf Gott, und Er führt dich zum Sieg, zum

Triumph und zur Herrlichkeit – und selbstverständlich auch zu finanziellem Erfolg.

Sie sagte: »Wie der Anfang, so das Ende«

In der irischen Stadt Killarney hörte ich einmal einer jungen Musikerin beim Harfenspiel zu. Ich war damals in Begleitung meiner Schwester, die in England lebt und dort Französisch, Latein und Mathematik unterrichtet. Meine Schwester war von der Darbietung ganz hingerissen. Sie meinte: »Das war die herrlichste Musik, die ich jemals gehört habe. Als Harfenistin ist sie einmalig!« Wir luden die junge Dame zum Dinner ein, in dessen Verlauf sie uns folgendes erzählte: »Bevor ich spiele, bete ich immer: ›Gott, der größte Musiker, spielt durch mich. Ich bin seine Dienerin, und ich spiele in seinem Auftrag, wie er durch mich in seinen Tönen die Melodie der Liebe erklingen läßt; denn Gott ist die Liebe.‹ Auf diese Weise beginne ich, und dem Gesetz des Lebens gemäß ist der Anfang wie das Ende – denn Anfang und Ende sind gleich. Ich beginne mit Liebe, Lobpreisung und Verehrung aller Dinge im Göttlichen, und so müssen auch in meiner Musik als Ergebnis seine Liebe, seine Schönheit und Herrlichkeit zum Ausdruck kommen.

Zusammenfassung

1. Gehe eine lebendige Partnerschaft mit Gott ein – verbünde dich mit Ihm, und du wirst Reichtum erlangen!
2. Du hast ein Vermögen, das du mit der Welt teilen

kannst. Entdecke die gewaltige Kraft und Weisheit in deinem Unterbewußtsein, und du wirst inspiriert, gesegnet und gedeihst auf mannigfaltige Weise. Du kannst dabei zu einem großen Wohltäter für die Menschheit werden.

3. Denke daran: dein Vertrauen, dein Glaube und dein Verständnis der Gesetze des Geistes übertragen sich in Gesundheit, Wohlstand und Erfolg.

4. Der Genius ist in dir. Wenn du dich auf die Weisheit und Intelligenz deines Unterbewußtseins eingestimmt hast und die Verbindung aufrechterhältst, wird der Genius in dir sich offenbaren. Die Unendliche Intelligenz in deinem Unterbewußtsein vermag all deine finanziellen Probleme zu lösen und gibt dir stets die richtige Antwort auf deine Fragen.

5. Kein Problem kann gegen das Göttliche etwas ausrichten. Es findet immer in Gott seinen Meister. Bedingungen und Umstände haben keine Macht, sie verfügen über keinerlei schöpferische Kraft. Die schöpferische Kraft liegt vielmehr in deinem Denken und Fühlen, nicht in den fälschlichen Annahmen und Begrenzungen durch Äußerlichkeiten. (Anm. d. Übers.: Da Probleme Wirkungen sind, können sie keine Wirkungen erzeugen.)

6. Das Gesetz des Lebens lautet: »Wie der Anfang, so das Ende« oder »Anfang und Ende sind gleich«. Wenn du dein neues Projekt mit Eifer, Begeisterung, Glauben und Vertrauen beginnst, dann wird das Ergebnis eine Widerspiegelung und ein Ausdruck deiner Stimmung und des Tons sein, mit dem du begonnen hast. Mit dem festen Vertrauen an die Gotteskraft in dir angefangen, wirst du wundervolle Ergebnisse in all deinen Unternehmungen, einschließlich der finanziellen, zustande bringen.

5. Kapitel

Wie man reich wird – durch Beten

Unermeßlicher Reichtum liegt in den Tiefen unserer Erde verborgen: Gold, Silber, Platin, Uran, Gas, Öl, Diamanten sowie unzählige andere Edelsteine und Metalle. Darüber hinaus können noch zahlreiche Nebenprodukte aus diesen Bodenschätzen gewonnen werden. Der wirkliche Reichtum des Lebens liegt jedoch – wie schon zuvor erwähnt – in den erhabenen Tiefen des menschlichen Bewußtseins verborgen und vergraben. Durch die uns angeborene Intelligenz sind wir in der Lage, die Schätze unserer Erde zutage zu fördern, zu verarbeiten und allen Menschen zugänglich zu machen.

Die edelsten Dinge dieser Welt finden sich jedoch in uns selbst, in der Tiefe unseres Unbewußten: grenzenlose Weisheit, Unendliche Intelligenz, unbegrenzte Kraft sowie alle Wunder und Herrlichkeiten der göttlichen Gegenwart. Wenn du um Hilfe und Führung bittest, so wird sie dir zuteil. Du kannst deinen inneren Reichtum zutage fördern, dann bringst du ebenfalls Edelsteine und Juwelen ans Licht, und zwar in Form von neuen schöpferischen Ideen, Erfindungen, Entdeckungen, herrlicher Musik, neuen Liedern und Antworten auf alle Probleme. Hast du die Schatzkammer des Wohlstands in dir erst einmal gefunden, dann kommt dir auch klar und eindeutig der ewige Reichtum der Natur zum Bewußtsein, denn: »Wie innen, so außen«.

Wie sie ihr geistiges Gold entdeckte

Von einer Frau erhielt ich kürzlich einen Brief folgenden Inhalts: »Mein Mann und ich sind seit 30 Jahren miteinander verheiratet. Er ist 65 und ich 51 Jahre alt. Wir haben fünf Kinder und führten bisher ein glückliches, zufriedenes Leben – dachte ich jedenfalls. Neulich jedoch gestand mir mein Mann, daß er seit mehr als drei Jahren mit einer jungen Stenotypistin in seinem Büro ein Verhältnis hat, und bat mich in einer ziemlich kaltschnäuzigen Art, dies zu verstehen und mich zu gedulden, bis die Sache ›ganz zu Ende sei‹.
Ich bin mit Zorn und Haß erfüllt, trage tiefen Groll in mir und bin zutiefst verletzt. Die Kinder sind schockiert. Ich bin nahe daran, den Glauben an mich selbst zu verlieren, wenn auch andere mir immer wieder versichern, ich sei attraktiv, intelligent und charmant. Des Nachts brüte ich in Gedanken und kann nicht schlafen. Ich fühle mich betrogen und bin verzweifelt. Was soll ich nur tun?«
In meiner Antwort erklärte ich ihr, daß ihr Mann zweifellos wenig moralischen Halt sowie ein tiefes Gefühl der Unzulänglichkeit und Minderwertigkeit habe. Seine Tändelei mit dieser sich in die Länge ziehenden Angelegenheit zeige seinen Mangel an Loyalität und charakterliches Versagen, da er diese junge Frau – seine Mitarbeiterin – nur ausnutzt und sich ihr gegenüber weder ver-

pflichtet noch verantwortlich fühlt, was ganz klar in seiner Feststellung »bis die Sache ganz zu Ende sei« zum Ausdruck komme.

Weiter führte ich in meinem Brief aus: »Ihr Mann wird von einem tiefen Schuldgefühl geplagt und einer großen Furcht vor den Konsequenzen. Er weiß um die verheerende Wirkung, die das Eingeständnis seines Verhältnisses auf Sie gehabt haben mag. Wahrscheinlich liegt der Grund dafür darin, daß die junge Frau – seine Geliebte – ihn unter Druck setzte, sich von Ihnen scheiden zu lassen, um sie heiraten zu können.

Er befindet sich nun in einem zwiespältigen Zustand: Einerseits möchte er mit Ihnen verheiratet bleiben, andererseits sollen Sie die Angelegenheit mit seiner Geliebten stillschweigend dulden. Sprechen Sie sich daher offen mit Ihrem Mann aus, und sagen Sie ihm unverblümt, daß er den moralischen Mut aufbringen müsse, dieses Verhältnis sofort abzubrechen. Sagen Sie ihm weiter, es müsse sein, da Sie nicht gewillt seien, ein Leben dieser Art weiterzuführen, denn wenn in der Ehe kein Verlaß mehr aufeinander sei, werde diese zu einer Farce, einer Maskerade und einem Betrug. Sein Eingeständnis an Sie ist möglicherweise auch der Wunsch, sich von seiner Seite aus mit Ihnen zu arrangieren, ehe Ihnen seine Geliebte davon selber berichtet und von Ihnen verlangt, ihn freizugeben.«

Ich betonte, sie müsse dieses offene Gespräch mit ihrem Mann unbedingt herbeiführen, und empfahl ihr nachdrücklich, ständig und immer wieder folgendes Gebet: »Ich strahle Liebe, Frieden, guten Willen und Freude zu meinem Mann aus. Zwischen uns herrschen Friede, Harmonie und göttliches Verständnis. Ich grüße das Göttliche in ihm und göttliche Liebe vereint uns beide.

Gott denkt, spricht, handelt durch ihn ebenso wie Er durch mich denkt, spricht und handelt. Unsere Ehe ist Gott und seiner Liebe geweiht.«

Sie betete in der angegebenen Weise etwa eine Woche lang und hatte dann eine aufrichtige Aussprache mit ihrem Mann. Daraufhin bereute er sein Verhalten unter Tränen und bat sie um Verzeihung. Heute ist ihr Leben wieder von Harmonie, Frieden und Liebe erfüllt. Diese Frau hatte sich dazu entschlossen, in ihrem Innern zu »graben«, und schon bald darauf fand sie das geistige Gold in sich selbst.

Die Goldmine in dir

Kürzlich hatte ich in Killarney ein interessantes Gespräch mit einem Chirurgen. Er und seine charmante Frau bereisten gerade das Land. Wir begannen über die »Wunder des Geistes« zu sprechen, und er erzählte mir daraufhin eine geradezu sagenhafte Geschichte über seinen Vater. Ich will versuchen, den Kern der Sache auf möglichst einfache Weise herauszuschälen.

Dieser junge Chirurg war der Sohn eines Bergarbeiters in Wales. Sein Vater mußte viele Stunden am Tage für einen kärglichen Lohn arbeiten und konnte es sich nicht einmal leisten, seinem Jungen Schuhe zu kaufen; daher mußte er barfuß zur Schule gehen. Obst und Fleisch kamen nur zweimal jährlich auf den Tisch, hauptsächlich zu Weihnachten und zu Ostern. Ansonsten bildeten Buttermilch, Kartoffeln und Tee die Hauptmahlzeiten dieser Familie.

Eines Tages sagte dieser junge Mann zu seinem Vater: »Dad, ich möchte gern einmal Chirurg werden, und ich will dir auch sagen, warum. Einer meiner Mitschüler hatte den grauen Star. Er wurde von einem Augen-Chirurgen operiert und kann jetzt wieder völlig normal sehen. Ich möchte auch Gutes tun – wie dieser Arzt.«

Sein Vater antwortete ihm: »Mein Sohn, ich habe 300 Pfund (etwa 30 000 Mark) auf die Seite gelegt, die ich über eine Zeitspanne von 25 Jahren gespart habe. Sie ist für deine Ausbildung, doch würde ich dir raten, die Summe erst dann anzutasten, wenn du dein Medizinstudium beendet hast. Dann kannst du es dazu verwenden, dir eine wunderschöne Praxis im Londoner Spezialistenviertel Harley Street einzurichten. In der Zwischenzeit wird das Geld Zinsen tragen und dir Sicherheit bieten. Du weißt, daß du jederzeit davon abheben kannst, wenn du während deines Studiums wirklich etwas brauchen solltest. Es gehört ganz dir, aber – wie gesagt – ich würde es vorziehen, das Geld zu verzinsen, dann würde ein ansehnlicher Betrag zu deiner Promotion zusammenkommen.«

Der junge Mann wußte sich vor Begeisterung nicht zu fassen, und er gelobte die Summe nicht eher anzutasten, bis er sein Medizinstudium abgeschlossen hatte. Durch Nacht- und Feiertagsarbeiten in Apotheken sowie durch Nachhilfestunden in Pharmakologie und Chemie an der Medizinischen Hochschule finanzierte er sein Studium. Sein ganzes Streben ging dahin, das seinem Vater gegebene Versprechen einzuhalten und das Geld auf der Bank erst nach erfolgreichem Abschluß seines Studiums abzuheben.

Als der Tag, an dem ihm die Doktorwürde verliehen wurde, herangekommen war, teilte sein Vater ihm mit: »Mein Sohn, ich habe mein ganzes Leben lang im Bergwerk schwer arbeiten müssen und weder einen Penny noch einen Shilling sparen können. Auf der Bank befindet sich nichts. Ich wollte nur erreichen, daß du selbst in deinem tiefsten Innern ›gräbst‹, um den Schatz deiner inneren Goldmine zu finden, die unbegrenzt, unerschöpflich und ewig ist.«

»Für einen Augenblick«, so sagte der Chirurg, »hatte es mir die Sprache verschlagen, so verblüfft war ich. Nach einigen Minuten jedoch hatte ich den Schock und die Bestürzung überwunden, und schließlich brachen wir beide in ein lautes Lachen aus. Ich begriff, was Dad mich in Wirklichkeit lehren wollte: In mir das Gefühl des Wohlstands durch den Gedanken hervorzurufen, viel Geld auf der Bank zu haben und mir dadurch das Rückgrat zu stärken, weil ich ja jederzeit auf das Geld zurückgreifen konnte. Das gab mir den Mut, den Glauben und das Vertrauen in mich selbst. Die Annahme, wirklich 300 Pfund auf der Bank zu haben, wirkte auf meine Entschlußkraft genauso, als wäre diese Summe tatsächlich auf meinen Namen dort hinterlegt.«

Alles, was er äußerlich erreicht habe, so bemerkte der Chirurg weiter, sei lediglich ein Symbol seines inneren Vertrauens, seiner Vorstellung und Überzeugung gewesen. Es gab kein Geld für ihn auf der Bank, nicht einmal einen Farthing (etwa 2 Pfennig). Doch sieh nur, welche Wunder der Glaube daran in sein Leben brachte! Für jeden auf dieser Welt liegt das Geheimnis des Erfolgs, der Leistung und Erfüllung seines Lebenszieles im Entdecken der wundervollen Kraft seines Denkens und Fühlens. Unser Freund handelte im Vertrauen, als sei das Geld stets und ständig vorhanden gewesen!

Weil er stets das Gefühl hatte, versorgt zu sein, konnte sich bei ihm kein Mangelbewußtsein bilden.

Seine Investition vermehrte sich außerordentlich

Kürzlich schrieb mir ein Mann, der meinen Vortrag »Ihr Unterbewußtsein ist eine Bank« gehört hatte. Ich zitiere in Ausschnitten:

»Lieber Dr. Murphy, ich hatte mir Ihren Vortrag ange-hört, in dem Sie das Unterbewußtsein als eine ›Bank‹ bezeichnet hatten. Von dieser Seite hatte ich es noch nie betrachtet, doch plötzlich erkannte ich, daß meine Gedanken, meine geistigen Bilder, Stimmungen und Überzeugungen jeweils Investitionen in mein Unter-bewußtsein sind. Insofern bin ich bis jetzt eigentlich ein ›schlampiger Denker‹ gewesen, weil ich immer nur Groll, Faulheit, Zögern, Gereiztheit und Selbstverurteilung ›eingezahlt‹ habe. Mein Unterbewußtsein hat all diese Negativitäten in beträchtlicher Weise multipli-ziert, so daß ich schließlich mit einem Magengeschwür in der Klinik gelandet bin.

Seither sind drei Monate vergangen. Aber schon am ersten Abend nach Ihrem Vortrag begann ich über mein Gotteskonzept nachzudenken. Ich sah Gott nicht mehr als ein Wesen, das irgendwo oben im Himmel thront und den Vorsitz innehat und mit menschlichen Schwä-chen und Launenhaftigkeit ausgestattet ist, sondern als eine alles durchdringende Unendliche Intelligenz, die den ganzen Kosmos dirigiert und auf jeden Anruf sofort antwortet. In meinem ganzen Denken und Fühlen nun-mehr davon überzeugt, begann ich laut und deutlich zu bekräftigen: ›Die Macht Gottes, seine Stärke, Weisheit, Freude und Sein Frieden sind mein. Seine Liebe erfüllt meine Seele und Sein Licht zeigt mir bessere Möglich-keiten auf, der Menschheit zu dienen.‹

Seitdem ich solche Gedanken auf meine persönliche

Bank (mein Unterbewußtsein) einzuzahlen begann, stiegen wundervolle Ideen aus der Tiefe meiner inneren Goldmine in mir auf, und mein Geschäftsvolumen vergrößerte sich um 300 Prozent. Heute bin ich gesund, glücklich, freudig und vom ›Lachen Gottes‹ erfüllt. Es ist wunderbar!«

Du bist jetzt reich!

Entspanne dich, laß in Gedanken alles los und sprich zu dir selbst: »Ich fange jetzt an, geistig in mir zu schürfen und einige wundervolle Ideen hervorzuholen, um bessere Leistungen vollbringen und damit meinen Mitmenschen noch mehr dienen zu können. Ich weiß, daß ich eine innere Quelle besitze – Kräfte, Talente und Fähigkeiten –, die ich noch nicht angezapft habe. Ich weiß ferner, daß die Unendliche Intelligenz mir diese Talente jetzt offenbart, wenn ich bewußt in die große Schatzkammer in mir hinabsteige.«

Du wirst erstaunt sein, wie dann neue Ideen in dir aufsteigen, die sich in Wohlstand verwandeln lassen. Werde dir deiner inneren Schatzkammer bewußt, bringe deine Ideen in einen geordneten, sinnvollen Zusammenhang und setze sie alsdann in die Tat um!

Deine Idee kann Milliarden wert sein

Seit den Tagen der großen Flut liegt Kohle in verschiedenen Schichten unter der Erde. Ein Arbeiter, der reich werden wollte, brachte sie mit seiner Spitzhacke ans Tageslicht. Diese Entdeckung brachte mit der Zeit Millionen von Menschen in der ganzen Welt Beschäftigung und diente vielen als ein Mittel, um riesige Vermögen anzusammeln. Kohle bringt die Hitze der Tropen in die arktischen Regionen und wärmt die Heimstätte in der Polargegend ebenso wie jene in Los Angeles.

Ein junger Schotte, der in sich nach einer neuen Idee schürfte, um Geld für sich und andere zu verdienen, sah plötzlich ein Riesenvermögen in der Auswertung jener Kraft, die aus einem Teekessel entwich, als der Deckel hochgerissen wurde. Augenblicklich kam ihm die ausdehnende Kraft des Dampfes zum Bewußtsein, und diese Idee war der eigentliche Beginn des Zeitalters der Dampfmaschine, die unserer Welt eine Umwälzung brachte, ungezählten Millionen von Menschen Arbeit gab und dadurch die Schaffung märchenhaften Wohlstands auf der ganzen Welt ermöglichte.

Kürzlich brachte mir jemand die Einstellung von Henry Ford zur Kenntnis, der auf die Frage, was er täte, wenn er all sein Vermögen und sein Geschäft verlöre, wie folgt antwortete: »Ich würde über neue, grundlegende Bedürfnisse der Menschen nachdenken und diesen Bedarf alsdann preisgünstiger und leistungsfähiger als irgend jemand anderer befriedigen. In fünf Jahren wäre ich wieder Multimillionär.«

Im heutigen Zeitalter der Elektronik und der Weltraumfahrt warten enorme Möglichkeiten auf dich. Fordere von deinem tieferen Bewußtsein neue schöpferische Ideen, und du wirst die schöpferischen Kräfte deines Unterbewußtseins freisetzen. Sie werden irgendein Bedürfnis der Menschheit aufspüren, dessen Befriedigung dich zu gegebener Zeit bereichern und mit Wohlstand segnen wird. Beginne jetzt damit, die in deinem Innern gefangengehaltene Pracht freizulegen!

Dein Vermögen beginnt mit dir

Wohlhabenheit und Armut haben den gleichen Ursprung. Sie beginnen in unserem Denken. Deshalb mußt du zu der klaren Entscheidung kommen, nur Wohlhabenheit und Erfolg für dich zu beanspruchen. Wohlstand ist keinesfalls Glückssache oder Zufall. *Die einzige »günstige Gelegenheit«, die du hast, ist die Gelegenheit, die du dir selbst bietest.*

Ein brillanter junger Manager sagte mir einmal: »Ich arbeite sehr hart und länger als nötig. Meine Vorschläge und Empfehlungen sind von der Geschäftsleitung stets angenommen worden, weil sie der Organisation Geld einbrachten. Eine Beförderung jedoch ist seit drei Jahren nicht mehr erfolgt, obwohl meine Untergebenen Gehaltserhöhungen erhielten und vorwärts kamen.«

Dieser Mann war fleißig und intelligent und arbeitete offensichtlich angestrengt, aber vergeblich. Der Grund dafür war in seinen Beziehungen zu seiner Exfrau zu suchen.

Drei Jahre zog sich der Rechtsstreit über das Aufteilen des Besitzes und den Unterhalt schon hin. Unterbewußt *wollte er gar nicht mehr Geld verdienen*; denn solange der Rechtsstreit noch schwebte, könnte das Gericht um so mehr für die Unterhaltszahlungen festlegen, je mehr er verdiente. Er ärgerte sich bereits über die vom Gericht zwischenzeitlich festgesetzte Unterhaltssumme, weil er sie als zu hoch empfand, und wartete nur noch auf den endgültigen Entscheid.

Ich erklärte ihm die Wirkungsweise seines Unterbewußtseins und daß tatsächlich *er* der Urheber seiner beruflichen Mißerfolge sei, weil er nicht mehr Geld zu verdienen *wünschte* und klar und gefühlsbedingt dieses

negative Konzept verfolge. Sein Groll, seine Feindseligkeit und seine Gegnerschaft sowie die Absicht, jegli-
chen Vorteil von seiner geschiedenen Frau fernzuhalten, hatten sich immer mehr in sein eigenes Unterbewußtsein eingeprägt und traten in allen Phasen seines
Mißerfolgs in Sichtbarkeit.

Wenn du anderen in Gedanken ihren Wohlstand mißgönnst, dann mißgönnst du ihn automatisch auch dir
selbst. Daher fordert die goldene Regel: Denke und
sprich gut über deinen Nächsten und handele danach!
Gib niemals dem Haß, dem Ärger oder nörgelnder Kritik
nach, weil du der einzige Denker in deinem Universum
bist und daher durch negative Gedanken auch negative
Wirkungen auf all deinen Lebensgebieten in Bewegung
setzt. Dein Unterbewußtsein erzeugt und wirft ständig
die Gesamtheit all deiner Gedankenbilder auf den Bildschirm deines Lebens.

Dieser junge Manager erkannte, daß er selbst es war, der
seine Entfaltung und Förderung blockierte. Somit lag die
Antwort auf sein Problem in ihm selbst, und er kam zu
der festen Überzeugung, daß der Haß nur durch Liebe
zu besiegen sei, daß er also, wenn er seiner einstigen
Frau sowie seinen Kindern Gesundheit, Liebe und Frieden wünschte, diese Zustände in gleichem Maße auch
zu sich heranziehen würde.

Er begann auch einzusehen, daß seine Frau Anspruch
auf eine angemessene, vernünftige Geldsumme zur Versorgung ihrer drei Kinder habe und daß er diese Summe
freudig, beglückt und in Liebe geben sollte, weil alles,
was er freiwillig gibt, in vielfacher Weise wieder zu ihm
zurückkehren wird. So wandte er häufig folgendes Gebet an:

»Gott ist Liebe und Gott ist Leben. Dieses eine Leben ist

unteilbar. Es offenbart sich in und durch alle Menschen; es ist das Zentrum meines eigenen Seins. Ich weiß, daß die Dunkelheit vom Licht vertrieben wird. So überwindet auch die Liebe alles Übel. Mein Wissen um die Kraft der Liebe überwindet jetzt alle negativen Zustände. Liebe und Haß können nicht nebeneinander bestehen. Ich entzünde nun das Licht Gottes über aller Furcht oder ängstlichen Gedanken in meinem Geist, und sie fliegen davon. Der Morgen (das Licht der Wahrheit) dämmert herauf, und die Schatten der Nacht (Furcht und Zweifel) fliehen.

Ich weiß, göttliche Liebe wacht über mich, führt mich und erhellt meinen Pfad. Ich entfalte mich nun im göttlichen Sinne. Ich bin Ausdruck Gottes in all meinen Gedanken, Worten und Handlungen. Die Natur Gottes ist Liebe, und ich weiß, daß völlige Liebe die Furcht austreibt.«

Nach einigen Wochen vollzog sich in diesem jungen Mann eine innere Wandlung. Er wurde liebenswürdig, freundlich, verbindlich und liebevoll und machte eine geistige Erneuerung durch. Seine finanziellen Angelegenheiten wandelten sich unmittelbar zum Besseren, und bald erfolgte dann auch die längst fällige Beförderung.

Das Endergebnis aber war beinahe eine Offenbarung. Seine geschiedene Frau bat ihn um Versöhnung, und das Licht der Liebe, das sie einst zusammengeführt und vereint hatte, führte beide erneut zum Altar zurück, wo ihre beiden Herzen wieder vereint wurden. »*Was nun Gott zusammengefügt hat, soll der Mensch nicht scheiden*« (Matthäus 19:6).

Wie man reich wird durch Beten

Hier ist ein nie versagendes tägliches Gebet für finanzielle Versorgung:

»Ich weiß, daß mein Gutes jetzt in diesem Augenblick existiert. Ich glaube von ganzem Herzen, daß ich mir meine eigene Harmonie, Gesundheit, meinen Frieden und meine Freude schaffen kann. Ich erhebe jetzt den Begriff des Friedens, des Erfolgs und Wohlstands in meinem Geist. Ich weiß und glaube, diese Gedanken (Samen) werden wachsen und sich in meiner Erfahrung offenbaren. Ich bin der Gärtner; was ich säe, werde ich ernten. Ich säe göttliche Gedanken (Samen), und diese wundervollen Samen sind Friede, Erfolg, Harmonie und guter Wille. Ich erhalte eine wunderbare Ernte.

Von diesem Augenblick an deponiere ich in meinem Unterbewußtsein Gedanken (Samen) des Friedens, Vertrauens, des Gleichgewichts, des Wohlstands und Ausgleichs. Ich ziehe die Früchte aus diesen wundervollen Samen, die ich hier deponiere. Ich nehme die Tatsache an, daß mein Wunsch der Same in meinem Unterbewußtsein ist. Ich mache ihn wahr, indem ich seine Wirklichkeit fühle. Ich akzeptiere die Echtheit meines Wunsches in der gleichen Weise, wie ich die Tatsache anerkenne, daß der in die Erde gesenkte Same wachsen wird. Ich weiß, daß er in der Verborgenheit wächst. Mein Wunsch wächst in der Tiefe meines Unterbewußtseins. In kurzer Zeit – gleich dem Samen – sprießt er aus dem Boden und wird sichtbar als Zustand, Umstand oder Ereignis. Dies ist die wahre Quelle meiner finanziellen Versorgung.

Die Unendliche Intelligenz leitet und führt mich auf all meinen Wegen. Ich denke über Dinge nach, die wahr, ehrbar, gerecht, rein, liebenswert und wohllautend sind. Ich denke an diese Dinge, und Gottes Kraft ist mit meinen Gedanken des Guten. Ich bin im Frieden, weil ich unendlich erfolgreich bin.«

»Im übrigen, Brüder, allem, was wahr, was ehrbar, was gerecht, was rein, was liebenswert, was wohllautend ist, wenn es irgendeine Tugend und wenn es irgendein Lob gibt, dem denkt nach!« (Philipper 4:8).

Zusammenfassung

1. Der wirkliche Reichtum des Lebens liegt in der Tiefe deines Unbewußten. Die Schatzkammer ist in dir, und aus ihr kannst du durch zweckbestimmtes Beten märchenhaften Reichtum herausholen.

2. Die kluge Frau verleiht der Geliebten ihres Mannes keine Macht. Sie weiß, daß er geistig verirrt und die andere Frau frustriert, neurotisch und gehemmt ist. Sie bespricht die Angelegenheit offen mit ihrem Mann und findet den rechten Weg durch ihr Gebet.

3. Reichtum ist eine Sache des Geistes. Glaube, Vertrauen, Eifer, Begeisterung und der Glaube an sich selbst setzen sich um in Gesundheit, Erfolg, Wohlstand und Leistung. Ein in Armut aufgewachsener Junge wurde ein berühmter Chirurg durch den Glauben, sein Vater besäße eine Menge Geld, um all seine Ausgaben für das Medizinstudium bezahlen zu können. Doch der Vater besaß nicht einen Penny, um ihm zu helfen. Dies zeigt die magische Wirkung des Glaubens im Bewußtsein dieses Jungen. Mach dich vertraut mit den Nuancen deines Denkens und Fühlens, und gestalte dein Leben nach deinen Wünschen!

4. Deine Gedanken und geistigen Vorstellungen, dein Glaube, deine Einstellung und deine Gefühle sind Einzahlungen auf der Bank deines Unterbewußtseins, die Zinsen tragen, d. h., dein Unterbewußtsein vermehrt, was du ihm aufgeprägt hast. Präge ihm daher Liebe, Glauben, Vertrauen, rechtes Handeln, Führung, Fülle, Sicherheit und guten Humor ein. Und wann immer du Liebe nötig hast oder eine Antwort auf dein Problem erwartest, wird dein Unterbewußtsein dich damit versorgen. Damit hebt man die Schätze der inneren Goldmine aus der Tiefe.

5. Die einzige Chance, die du hast, ist die Chance, die du dir selbst gibst. Wenn du anderen den Wohlstand mißgönnst oder wenn du im Geiste Gutes von ihnen fernhalten willst, schädigst du dich nicht nur selbst, sondern beraubst dich des Reichtums, den das Leben für dich bereithält. Du bist der einzige Denker in deinem Universum, und was du denkst, das erschaffst du. Erschaffe dir Wohlstand, indem du allen Menschen den Reichtum des Himmels wünschst!

6. Kapitel

Das magische Gesetz vom Geben des geistigen Gegenwerts

Seit frühesten Zeiten haben die Völker zwischen Babylonien und Rom den zehnten Teil vom Jahresertrag ihrer Felder und Früchte sowie auch von ihren Herden Gott zum Opfer dargebracht. In der Bibel wird über dieses Prinzip des Gebens nicht einheitlich berichtet, da es zu verschiedenen Zeiten auf verschiedene Weise gehandhabt worden ist. Außerdem bestand des öfteren Anlaß, von bestimmten Regelungen wieder abzugehen, was teilweise unter kirchlichem, teils unter politischem Einfluß zustande kam.

Das Geben des Zehnten ist eines der fundamentalen Gesetze des Lebens, doch hat sich dieser Brauch seit den Tagen des Altertums verloren. Der Landwirt muß zuerst geben, um später ernten zu können, und er gibt den Zehnten seines Getreides aus der vorhergegangenen Ernte dem Ackerboden zurück, damit ein neuer Ertrag heranreifen kann.

Der ideale Weg, den Zehnten für seinen Wohlstand zu geben, ist, einen gewissen Anteil seines Geldes, Landbesitzes, Viehbestands, seiner Aktien oder Wertpapiere oder irgendeiner anderen materiellen Sache zum Zweck der Verbreitung der Wahrheit hinzugeben.

Die wirkliche Bedeutung vom Geben des Zehnten

Unter dem »Zehnten« versteht man nicht nur jene Geldsumme, die man gern und reichlich gibt, damit die Wahrheit über das Sein verbreitet und spirituelle Aktivitäten unterstützt werden können. Das Geben des Zehnten bezieht sich ebenso auf dein Vertrauen, deine Überzeugungen, Einschätzungen und Pläne, die du in deinem Gemüt als wahr von dir selbst und von anderen sowie von der Welt im allgemeinen anerkennst. Was immer du bewußt über dich selbst, über Gott und das Universum denkst und als wahr akzeptierst, übermittelst du als klare, tiefe Eindrücke der Schatzkammer deines eigenen Unterbewußtseins:

Bedenke, daß die Unendliche Intelligenz – Gott – stets auf die Art deiner Gedanken reagiert. Gott antwortet gemäß deinen eigenen Gedanken, deiner geistigen Bilder und deines Vertrauens. Er hat dich geschaffen und das Universum mit all den in ihm vorhandenen Dingen ausgestattet. Du bist hier, um die in dir ruhende Kraft und Weisheit zu erkennen und einzusetzen, um ein erfolgreiches, glückliches, gedeihliches Leben führen zu können. Aber nicht nur das – du sollst auch zum Erfolg, zu Wohlstand, Reichtum und dem Guten deiner Mitmenschen beitragen.

Ein Rechtsanwalt entdeckte die Wunderwirkung des Gebens

Einem mir befreundeten Anwalt, der mir von einem Problem berichtet hatte, erklärte ich einmal die geistige

Bedeutung des »Zehnten«. Dieser Anwalt mußte nämlich die Interessen eines Klienten in New Orleans vertre-
ten und zu diesem Zweck einen Anwalt in Louisiana
aufsuchen, der abscheulich in seinem Benehmen, pol-
ternd, streitsüchtig und in keiner Weise irgendwie ko-
operativ war.

Ich riet meinem Freund, den »Zehnten« zu geben, d. h.
zu vertrauen, daß Gottes Klarheit und Harmonie im
Denken und Fühlen des fraglichen Anwalts Platz greifen
würden, wodurch dessen Urteil und Überzeugung sich
zum Segen für alle Beteiligten auswirken und wodurch
der Boden für eine harmonische Lösung in göttlicher
Ordnung bereitet werden könne.

Infolgedessen betete mein Freund vor seinem Besuch
häufig, es mögen in erster Linie Harmonie, Frieden,
Liebe und Verständnis während der Konferenz mit dem
anderen Anwalt herrschen. Und als diese schließlich
stattfand, bestimmten tatsächlich Herzlichkeit und
Freundlichkeit sowie beste Zusammenarbeit die gegen-
seitigen Verhandlungen. Das Ergebnis war ein zufrie-
denstellendes, legales finanzielles Abkommen im Sinne
aller Beteiligten.

Aktion und Reaktion sind universell und unveränder-
lich. Dein Gedanke ist Aktion; die Re-Aktion ist die
Antwort deines Unterbewußtseins – der Art und Weise
deiner Gedanken gemäß.

Als Wesentlichstes gilt es zu erkennen, daß die geistige
Idee (der »Zehnte«) als Realität hinter jedem Interview,
Geschäftabschluß oder irgendeiner anderen Tätigkeit
steht. Der obengenannte Anwalt verwirklichte sehr
schnell die tiefe Wahrheit, daß alles, was man tut, den
Ton und die Farbe der Meinung und des Vertrauens
annimmt – je nachdem, wie etwas betrachtet wird.

Das Gesetz des Zehnten wirkt Wunder für einen Verkaufsleiter

Ein hervorragender Verkaufsleiter, der meine Vorträge besucht, erzählte mir, daß er jedesmal, bevor er zu seinen 200 Verkäufern spricht, seinen »Zehnten« gibt. Spricht er eine Stunde, so widmet er ein Zehntel dieser Zeit – also etwa sechs Minuten – dem Gebet und der Meditation: »Ich bin erfüllt von der Weisheit, der Liebe und Kraft Gottes, die all meine Verkäufer führt, leitet, inspiriert, und für neue Ideen aufnahmefähig macht. Gott inspiriert und erleuchtet mich, die richtigen Worte zu finden. Er versorgt mich mit neuen, schöpferischen Ideen, die sich zum Segen für unsere Verkäufer, unsere Kunden und jeden Menschen auswirken, der mit uns zu tun hat. Die Unendliche Intelligenz denkt, spricht und handelt durch mich, und alle, die meinem Vortrag zuhören, sind reich gesegnet mit allen guten und vollkommenen Gaben, die vom ›Vater des Lichts‹ kommen.«
Seitdem er auf diese Weise den Zehnten seiner Zeit Gott widmet – so erzählte er mir –, habe er die besten Vorträge seines Lebens gehalten. Und als Ergebnis seiner hervorragenden Arbeit wurde er vor kurzem zum geschäftsführenden Vizepräsidenten seiner millionenschweren Gesellschaft ernannt.

Ein Ingenieur gibt den Zehnten und ändert dadurch seine Verhältnisse

Ein Chemieingenieur – Vizepräsident eines Unternehmens, für das er selbst arbeitet – erzählte mir kürzlich, daß eine Firma, die von ihnen mit bestimmten Forschungsprodukten beliefert wird, seiner Gesellschaft 10 000 Dollar schulde und niemand bis jetzt in der Lage gewesen sei, diese Summe einzutreiben.

Er sagte mir, daß er daraufhin diesen Kunden besucht und ihn in seinem Selbstvertrauen bestärkt habe. Er fügte hinzu: »Ich ließ ihn wissen, daß wir ihm vertrauten, an ihn glaubten und überzeugt seien, er würde imstande sein, seinen Zahlungsverpflichtungen voll nachzukommen. Ich lud ihn zum Essen ein und erklärte ihm, daß wir seine Lauterkeit und Ehrlichkeit schätzten, da er seit über 20 Jahren in all seinen Geschäften mit uns überaus zuverlässig gewesen war. Weiter versicherte ich ihm, daß unser Glaube und unser Vertrauen in ihn sich in keiner Weise verringert hätten und ich persönlich für seinen Wohlstand, sein Blühen und Gedeihen auf der ganzen Linie beten würde.«

Nach etwa einer Woche erhielt er einen Brief jenes Kunden, worin dieser feststellte, er hätte tatsächlich schon erwägt, Konkurs anzumelden, doch »Sie haben mir mein Vertrauen und meinen Glauben an mich selbst zurückgegeben. Nun vertraue ich wieder auf mich selbst und meine Fähigkeit, durchzuhalten. Das Blatt hat sich gewendet, und meine Kunden, die früher nur sehr schleppend gezahlt hatten, haben nunmehr ihre Zahlungsverpflichtungen erfüllt. Somit kann auch ich meine Schulden in voller Höhe begleichen.«

Der Vizepräsident hatte diesen Mann gelobt, gesegnet und in Gedanken »erhoben«; dessen Herz reagierte auf den Glauben und das Vertrauen seines Gläubigers, und die finanzielle Angelegenheit hatte sich dadurch entsprechend harmonisiert.

Wie ein Künstler seinen Zehnten für die Schönheit gab

Ein berühmter Kunstmaler berichtete mir einmal von den wunderbaren Ergebnissen, die er durch das Geben seines Zehnten für »Schönheit« erzielte. Seine Gabe bestand in der regelmäßigen und überzeugten Erklärung:

»Gott ist unbeschreibliche Schönheit, vollkommene Harmonie und grenzenlose Liebe. Die Schönheit des Unendlichen durchflutet herrlich und majestätisch meinen Geist, und meine Finger werden göttlich geführt, damit auf der Leinwand all die Schönheit, Ordnung, Ausgewogenheit und Harmonie des Unendlichen in Erscheinung treten kann. Alles, was ich male, wird für alle Zeiten eine Sache der Schönheit und Freude sein. Jede Szene und jedes Bild wird die Gabe Gottes im Menschen zum Ausdruck bringen.«

Er gab seinen Zehnten (die Idee der Schönheit) an sein Unterbewußtsein weiter, und alles, was diesem aufgeprägt wird, vermehrt und vervielfacht sich. Er programmierte es mit Schönheit und wurde dadurch befähigt, wundervolle Gemälde hervorzubringen. Glaubst du etwa, er hätte irgendwelche Schwierigkeiten gehabt, seine Werke zu Spitzenpreisen zu verkaufen? Ganz und gar nicht, die verkauften sich nunmehr ganz von selbst.

Sie gab ihren Zehnten für Liebe

Für eine pensionierte Lehrerin hier in Kalifornien hatte es sich ergeben, daß sie mit der Zeit viele andere in den

Ruhestand versetzte Menschen kennenlernte. Diese Leute gaben unentwegt irgendwelche Klagen von sich, daß sie einsam, frustriert, unglücklich und enttäuscht darüber seien, infolge ihrer niedrigen Pension keine Reisen machen und nicht das tun zu können, wozu sie Lust hatten. Das brachte sie zu dem Entschluß, unter allen Umständen zu verhindern, in den gleichen begrenzten Gedankenzustand zu verfallen. An mehreren Abenden gab sie in ihren Gebetsstunden ihren Zehnten auf folgende Weise:

»Gottes Liebe erfüllt meine Seele. Ich strahle zu meiner Umgebung und zu allen Menschen, wo immer sie auch sein mögen, Liebe und guten Willen aus. Die Liebe Gottes durchströmt mich in Form von Harmonie, Liebe, Gemeinsamkeit, Wohlstand und wahrem Ausdruck. Gott ist mein Hirte, und nie wird es mir an Geld, Liebe, Schönheit oder Gemeinschaft mangeln. Gott antwortet mir jetzt, und ich danke dafür.«

Nach einigen Wochen bot sich ihr die Gelegenheit, eine wohlhabende Dame auf ausgedehnten Geschäftsreisen in Frankreich, Deutschland und der Schweiz als Dolmetscherin und Gesellschafterin zu begleiten. Ihre Kenntnisse der deutschen und französischen Sprache, früher nur im Unterricht angewandt, erwiesen sich als großer Gewinn, und sie wurde für ihre Dienste recht ansehnlich bezahlt. Sie schrieb mir, daß sie die schönste Zeit ihres Lebens genieße und ihr Auftrag von Dauer sei, weil ihre Arbeitgeberin sie für unentbehrlich halte. Sie hatte uneigennützig ihren »Zehnten« gegeben und ist dafür über alle Erwartungen hinaus überreichlich belohnt worden. Ihr Geheimnis ist nun auch dein Geheimnis.

Das Gesetz des Gebens und Empfangens

Je mehr du an Liebe und gutem Willen gibst, desto mehr wirst du für dich selbst empfangen. Das Gesetz des Gebens des geistigen Gegenwerts bewirkt zwangsläufig, daß alles, was wir aussenden – ob guter Wille oder das Gegenteil –, zu uns zurückkehrt, und zwar oftmals in jeder Hinsicht vervielfacht. Es ist ein unveränderliches Gesetz: Gleiches zieht Gleiches an, und alles was du deinem Unterbewußtsein als Same (Gedanken) eingibst, wirst du schließlich auf dem Bildschirm des Lebens als Zustand, Erlebnis oder Ereignis ernten.

Gib reichlich und freudig

Der Geldbetrag, den du schenkst, muß nicht notwendigerweise ein »Zehntel« sein. Der in der Bibel erwähnte »Zehnte« meint einen Anteil, die Idee jenes Beitrags, der dir in den Sinn kommt, und den du freudig und gern geben willst.

Angenommen, du gibst jeden Sonntag der spirituellen Aktivität deiner Wahl fünf Dollar, so sollte dieser Betrag freimütig, freudig und mit Liebe gegeben werden, mit einem Empfinden der Hingabe und in der Gewißheit, daß Gott die ewige Quelle der Versorgung ist und durch Ihn alle unsere Bedürfnisse augenblicklich, zu allen Zeiten und überall befriedigt werden. Sollten in dir jedoch Gefühle des Mangels oder des Verlustes beim Geben der fünf Dollar auftauchen, so würde es kein wahres Geben sein. Widerwilliges Geben oder ein Geben, das den Gedanken einer »Verpflichtung« oder gar der Furcht in sich trägt, ist kein wahres Geben des Zehnten.

Eine solche Gemütshaltung würde im Gegenteil Mangel zu dir heranziehen.

Was du gibst, vervielfacht sich außerordentlich

Wenn du regelmäßig gibst, dann nimm eine Summe beiseite, bei der du das Gefühl hast, sie von ganzem Herzen geben zu wollen, und bejahe still oder hörbar: »Ich lasse dieses Geld freudig los, und Gott vermehrt es außerordentlich.«
Wenn du das tust, prägst du deinem Unterbewußtsein den Gedanken an großen Reichtum ein, und dein Unterbewußtsein wird sich daran machen, deinen Wohlstand in jeder Hinsicht zu vermehren. Das ist die Bedeutung des Bibelzitats:
»Gebt so wird euch gegeben. Ein volles, gedrücktes, gerütteltes und überfließendes Maß wird man euch in den Schoß schütten; denn mit dem Maß, mit dem ihr meßt, wird man euch wieder messen« (Lukas 6:38).

Vermehre dein Einkommen in jeder Weise

Gib regelmäßig dorthin, von wo du die meiste sprituelle Hilfe erhältst, und tue das völlig bedingungslos. Wenn du fühlst, daß du dies gern tust, dann gibst du wirklich von einem gesunden finanziellen Standpunkt aus. Eine solch korrekte und dynamische Einstellung wird dich veranlassen, immer mehr geben zu wollen, und zwar froh und beglückt, weil dein Einkommen dadurch immer größere Ausmaße annimmt. Dies beruht auf der Grundlage des Gesetzes vom Geben und Empfangen.

Du hast deine Gabe gesegnet und sie mit Freude losge-
lassen, und dein Unterbewußtsein vermehrte sie tausendfach. Dies ist wirklich der Schlüssel zur Vermehrung des Wohlstands für alle, die regelmäßig ihren
Zehnten geben. Sie wenden ein Gesetz des Unendlichen Geistes an, das für sie arbeitet, ob sie es wissen
oder nicht.

Wie er seinen Zehnten für Versorgung gab

Ein Geschäftsmann sagte neulich zu mir: »Es gibt viel
Geld auf der Welt, und es gibt viel von allen Dingen. Ich
weiß, in meinem Unterbewußtsein existieren unerschöpfliche Quellen, die ich bis jetzt noch nicht er-
schlossen habe. Das ist der Grund, weshalb ich persönlich meinen Zehnten für meine Versorgung gab; immer
wieder bejahte ich: ›Gott ist die Unendliche Quelle
meiner Versorgung, und alle meine Bedürfnisse sind
schon befriedigt; sein Reichtum strömt mir unaufhörlich
zu, unermüdlich und endlos.‹«
Durch ständige Wiederholung dieser Wahrheiten über-
mittelte er seinem Unterbewußtsein die Idee des Reichtums und Wohlstands, so daß er von der Fülle wie durch
eine Lawine überschüttet wurde. Auch du kannst auf
diese Weise zu finanziellem Erfolg gelangen!

Er gab seinen Zehnten, wurde jedoch nicht wohlhabend

Vor einiger Zeit erzählte mir ein Mann, er gäbe regelmäßig den Zehnten, ohne jedoch den geringsten finanziel-

len Erfolg zu verspüren. Ich fand bald heraus, daß er den Zweck seines wöchentlichen Gebens nicht richtig erkannt und in Wirklichkeit das Gefühl hatte, er würde durch diese Gewohnheit sein Einkommen schmälern. Dadurch machte er geistige Vorbehalte. Nach unserem Gespräch änderte er seine Einstellung in das Gegenteil um und gab danach mit Freude und reichen Segnungen. Bald merkte auch er, daß das Gesetz der Vermehrung in gleicher Weise auch für ihn zu wirken begann.

Ich erklärte ihm weiter, daß das Geben des Zehnten, wie es zum Beispiel in der Bibel verstanden wird, nicht das Geben von Geld an verschiedene karitative Organisationen bedeutet, wenngleich eine solche Großzügigkeit zu loben sei. Wird Geld als der Zehnte gegeben, dann sollte es dem Zweck der Unterstützung dienen, Gottes Wahrheiten damit zu verbreiten, oder es sollte solchen Stellen zugeführt werden, von wo Sie Hilfe und Inspiration erhalten.

Darauf erwiderte er mit Dankbarkeit: »Das ist die Erklärung, die ich brauche. Nun weiß ich, was das Geben des Zehnten wirklich bedeutet.«

Er gab auf falsche Weise

Ein Bekannter von mir beklagte sich einmal erbittert: »Sonntag für Sonntag gebe ich große Geldsummen an eine religiöse Gruppe in New York, mein Einkommen vermehrt sich jedoch nicht; es reicht gerade aus, um meinen Lebensunterhalt damit bestreiten zu können.« Der Grund dafür war in seiner falschen Einstellung zu suchen, nämlich: »Ich erwarte oder wünsche nichts zurückzubekommen.« In der Bibel steht, der Mensch müsse eine Sache beschließen, und sie wird in Erscheinung treten. »*Du sollst etwas anordnen, und es wird dir zuteil werden*« (Hiob 22:28). Mit seinem Verhalten hatte dieser Mann jedoch seinem Unterbewußtsein den klaren Auftrag gegeben, nichts zurückzubekommen, und es gehorchte ihm bedingungslos.

Ich erläuterte ihm, daß er dadurch sein Gutes bisher neutralisiert habe. Dies sei so ähnlich, wie das Pflanzen eines Samens in den Ackerboden, den man etwas später wieder ausgräbt und dadurch am Wachstum hindert. Der Mann hatte eingesehen, daß ein Landwirt, der den Samen in die Erde gibt – gemäß dem Gesetz des Wachstums –, automatisch seine Ernte haben wird. So verhält es sich auch mit dem Gesetz des Geistes. Daraufhin begann er, diesem Gesetz gemäß, das ja auch für ihn Gültigkeit besaß, Reichtum und Überfluß zu erwarten. Und in der Tat, seine finanzielle Situation verbesserte sich daraufhin zusehends auf eine geradezu märchenhafte Weise.

Praktiziere Weisheit beim Geben des Zehnten

Man sollte stets sorgfältig abwägen, auf welche Weise man Verwandten oder Armen etwas zukommen läßt. Es ist richtig, ihnen so zu helfen, daß sie sich selber helfen können. Man muß sich jedoch davor hüten, sie unter Umständen ihrer Entschlußkraft zu berauben, ihres inneren Antriebs, auf eigenen Füßen stehen zu wollen und ihre Probleme selber zu überwinden, so gut sie es vermögen. Wenn Menschen zu leicht und zu oft Hilfe zuteil wird, geraten sie allzuleicht in Abhängigkeit und verlassen sich nur noch auf andere. Das Beste, was du

ihnen geben kannst, ist, sie erfolgreich denken zu lehren.

Stelle sicher, daß du durch unkluges Geben andere nicht
daran hinderst, die in ihnen schlummernden Talente und
Fähigkeiten zu entfalten und auszudrücken. Oftmals
hegt ein Empfänger deiner unklug gegebenen Unterstützung Grollgefühle gegen dich, denn er fühlt sich irgendwie verpflichtet – er fühlt dein Mitleid oder deine Gedanken des Mangels um ihn. Er weiß, daß er so erfolgreich
sein sollte, wie du es bist, und er fühlt sich schuldbewußt,
weil er glaubt, er zehre an dir. Das entwickelt Schuld- und
Grollgefühle gegenüber dem Geber.

Vermittle ihm das Wissen von den Gesetzen des Geistes
und dem Weg des Geistes, und er wird fortan weder einen
Teller Suppe oder einen alten Anzug noch sonst ein
Almosen irgendwelcher Art von dir wünschen, denn du
hast ihm seine Fähigkeit enthüllt, selbst zur Schatzkammer Gottes in sich zu gehen und von dort allen Reichtum
in Empfang zu nehmen, der ihm von Anfang an bereitet
ist.

Du kannst den ganzen Tag lang geben

Übe dich den ganzen Tag im Geben. Strahle auf alle
Menschen Liebe, Freundlichkeit, Freundschaft, Froh-
sinn, Vertrauen, Begeisterung und guten Willen aus.
Von diesen Gaben kann man kein Zehntel geben; denn
sie sind weder teilbar, noch können sie vervielfacht
werden. Es gibt auch niemals eine Verknappung an
Liebe, Güte, Freundlichkeit, Wahrheit und Schönheit,
an Friede und Freude; denn alle diese göttlichen Eigenschaften sind zeitlos, ewig und unbegrenzt. Du kannst

nicht etwas, das *Wirklichkeit* ist, auf eine Prozentbasis stellen, nicht einmal Reichtum. Aber er kann dir in dem Maß zufließen, wie du für ihn zu geben bereit bist.

Schütte den Reichtum des Himmels aus! Gib anderen Ermutigung, Glauben, Hoffnung, Wertschätzung und Dankbarkeit. Dann wird Gott seinen Segen auch über dich ausschütten, und zwar im Übermaß und auf eine fühlbare finanzielle Weise.

»Bringt den ganzen Zehnten in mein Vorratshaus, auf daß Speise in meinem Haus sei; und prüft mich doch dadurch, spricht der Herr der Heerscharen, ob ich euch nicht die Fenster des Himmels auftun und Segen herabschütten werde bis zum Überfluß« (Maleachi 3:10).

Zusammenfassung

1. Geben des »Zehnten« bedeutet, daß du einen Teil deines Einkommens dem Unendlichen und der Verbreitung seiner Wahrheiten weihst. Es weist auch auf dein Vertrauen, deine Überzeugung und Selbsteinschätzung hin, die du der Schatzkammer in dir entgegenbringst: deinem Unterbewußtsein. Aus dieser Schatzkammer fließt dir alle finanzielle Versorgung zu.

2. Gib deinen Zehnten für harmonische zwischenmenschliche Beziehungen in der Überzeugung, daß das Göttliche im Denken und Fühlen anderer Platz greift und harmonische, göttliche Lösungen zustande kommen.

3. Widme den Zehnten deiner Zeit dem Gebet und der Meditation, besonders vor einem Vortrag oder einer Konferenz. Dann wird Gott dich inspirieren, und Wunder werden sich in deinem Leben ereignen.

4. Deinen Zehnten gibst du auch durch einen geistigen Gegenwert, nämlich dadurch, daß du einer anderen Person Vertrauen entgegenbringst. Laß sie wissen, daß du ihr Glauben schenkst und in jeder Weise vertraust, dann wird sie sich dir gegenüber entsprechend verhalten.

5. Du kannst deinen Zehnten auch für Schönheit geben, indem du weißt, daß Gottes unbeschreibliche Schönheit sich durch dich nach außen hin offenbart und daß andere durch deine Werke inspiriert und erhoben werden.

6. Du kannst deinen Zehnten für Liebe geben, indem du bejahst, daß Gottes Liebe deine Seele erfüllt und du Liebe und guten Willen auf alle Menschen ausstrahlst. Mache dir das zur Gewohnheit, und viele Wunder werden sich in deinem Leben ereignen.

7. Je mehr Liebe und guten Willen du anderen beweist, desto mehr wird davon wieder auf dich zurückkommen, und zwar vermehrt und vervielfacht auf unzählige Weise. Das kann sich auch mit Geld auszahlen.

8. Gib freimütig, freudig, gern und mit einem Gefühl der Hingabe, und du wirst den Reichtum auf geradezu märchenhafte Weise zu dir heranziehen.

9. Gib großzügig, indem du folgendes bejahst: »Ich mache diese Geldsumme aus ehrlichem Herzen frei, und Gott wird sie in außerordentlichem Maße vervielfachen.«

10. Gib regelmäßig jenen Betrag, den du von Herzen gern zu geben bereit bist, und du wirst erfahren, daß sich dein Einkommen sprunghaft vermehrt.

11. Gib deinen Zehnten für finanzielle Versorgung, indem du bejahst: »Gott ist meine beständige Quelle der Versorgung, die immer und ewig meine Bedürfnisse

befriedigt; sein Reichtum strömt mir unermüdlich und endlos zu.

12. Wenn du gibst, dürfen sich keine Gefühle des Mangels oder der Vorbehalte in dir regen. Gib an alle mit Freude und reichem Segen.

13. So wie der Landwirt seine Ernte erwartet, so solltest auch du der Wirkung des Naturgesetzes vom Geben des Zehnten vertrauen, das für dich arbeitet.

14. Das Beste, was du anderen geben kannst, ist, deren Wissen um das Wirken des Wohlstandsgesetzes zu vermehren. Dann wird es ihnen niemals an irgendwelchem Guten in ihrem Leben mangeln.

7. Kapitel

Der Reiche wird reicher

Die wirklichen Reichen sind jene, die sich der schöpferischen Kraft ihrer Gedanken bewußt sind und die nicht nachlassen, sie fortwährend auf Fülle und Wohlstand zu richten. Diese Wohlstandsgedanken werden sodann ihrem Unterbewußtsein aufgeprägt, das wiederum alle Dinge, mit denen sie sich in Gedanken beschäftigen, in ihre objektive Erfahrungswelt bringt.

Der Mensch wird reich, wenn er in einer bestimmten Weise denkt und weiß, daß seine beharrlichen, schöpferischen Gedanken die Neigung haben, sich in entsprechender Form in seinem Leben zu verwirklichen.

Gedanklich im Reichtum zu verweilen, wenn man sich in einem Zustand der Armut und des Mangels befindet, verlangt unerschütterliches und intensives Denken. Wer dieses disziplinierte Denken aber übt, *muß* zwangsläufig reich werden und erhält, was immer er sich wünscht.

In der Bibel steht: »*...wer da hat, dem wird gegeben; wer aber nicht hat, dem wird auch das genommen, das er hat*« (Lukas 19:26). – Ein bekanntes Sprichwort drückt das so aus: »Der Reiche wird immer reicher, während der Arme immer ärmer wird.«

Das bedeutet ganz einfach, daß jeder, der dem unbegrenzten Reichtum seines Geistes Beachtung schenkt, also der Quelle aller seiner Erfahrungen, mehr von den Gütern dieser Welt besitzen wird. Ein in die Erde gesenktes Samenkorn erzeugt wieder hundertfach Samen. Auf die gleiche Weise werden sich die Samen (= Gedanken) von Gottes Reichtum für dich in deinem Erfahrungsbereich vermehren und vervielfachen.

Das Einkommen paßt sich der veränderten Gedankeneinstellung an

Ein Immobilienmakler erzählte mir kürzlich, daß er zum Geld im allgemeinen folgende Einstellung habe: Geld oder Versorgung sind begrenzt, und der Wohlstand des Landes wird von den superreichen Familien kontrolliert. Ein Zustand, der ihn ziemlich aufregte.
Doch plötzlich erkannte er den Irrtum dieser Denkungsart und sah ein, daß er den schöpferischen Strom des Reichtums allein durch diesen zerstörerischen und verzerrten Denkprozeß blockierte.
Hier ein Auszug aus seinem Schreiben an mich: »Lieber Dr. Murphy, ich befolgte Ihre Instruktionen und verbannte aus meinem Denken jegliche Vorstellung von Konkurrenz. Ich kam zu dem Schluß, daß ich hier bin, um zu wirken, und daß es unzählige Milliardenwerte gibt, die noch unentdeckt in dieser Welt verborgen sind. Ich weiß, daß der Tag kommt, wo Wissenschaftler auf künstlichem Weg Gold und Metalle herstellen können. Mit der Gepflogenheit, auf gerissene Weise Profite herauszuschlagen, in die eigene Tasche zu arbeiten und andere durch ihre Unwissenheit zu übervorteilen, habe

ich gebrochen. Ich habe damit aufgehört, andere um ihr Vorwärtskommen und ihren Reichtum zu beneiden und bin zu dem Schluß gekommen, daß ich alles haben kann, ohne anderen dabei irgend etwas wegnehmen zu müssen. Ich bin Erzeuger und Mitwirkender geworden, statt wie bisher Konkurrent.

Drei Monate lang betete ich unentwegt: ›Der unbegrenzte Reichtum Gottes strömt mir in der Fülle und Schnelligkeit zu, wie ich ihn gebrauchen kann; und auch alle anderen Menschen werden Tag für Tag reicher.‹ Diese neue Einstellung hat Wunder in meinem Leben bewirkt, und mein Einkommen hat sich innerhalb eines Vierteljahres verdreifacht.

Seine »Multimillionen-Dollar-Formel«

Ein Pharmazieunternehmer, der eine riesige Kette von Drugstores betreibt, war ein sehr spiritueller Mensch. Mit einer Apotheke im Raum eines Gebäudes hatte er sein Unternehmen begonnen, und aus diesen bescheidenen Anfängen war schließlich ein Multimillionen-Dollar-Unternehmen geworden, das Tausende von Mitarbeitern beschäftigte. Eines Tages, als wir beide miteinander speisten, zog er einen kleinen Zettel aus seiner Brieftasche und gab ihn mir mit der Bemerkung: »Das ist meine Multimillionen-Dollar-Formel. Seit 25 Jahren habe ich sie Tag und Nacht ununterbrochen angewandt und sie auch vielen Menschen weitergegeben, die ebenfalls Millionäre geworden sind, sowie auch anderen, die damit dringend benötigtes Geld erwarben und es freudig wieder ausgegeben haben.«

Hier ist seine Formel:

»Ich erkenne die ewige Quelle allen Reichtums an, die niemals versiegt. Auf all meinen Wegen bin ich göttlich geführt, und ich passe mich allen neuen Ideen an. Die Unendliche Intelligenz enthüllt mir stets bessere Möglichkeiten, wie ich meinen Mitmenschen dienen kann. Ich werde geführt und geleitet, um Erzeugnisse hervorzubringen, die der Menschheit zum Segen gereichen. Ich ziehe stets Männer und Frauen an, die spirituell, loyal, verläßlich und begabt sind und die zum Frieden, zum Wohlstand und Fortschritt unseres Unternehmens beitragen. Ich bin ein unwiderstehlicher Magnet und hole märchenhaften Reichtum zu mir heran, weil ich das Bestmögliche an Qualität bei meinen Erzeugnissen sowie in meinem Dienst am Kunden biete. Immer bin ich auf den Unendlichen und die Substanz des Wohlstands eingestellt. Die Unendliche Intelligenz lenkt all meine Pläne und Absichten, und all mein Erfolg gründet sich auf die Wahrheit, daß Gott mich in all meinen Unternehmungen leitet, führt und lenkt. Ich bin alle Zeit im Frieden – innerlich und äußerlich. Mein Erfolg ist gewaltig, da ich eins mit Gott bin, und Gott ist immer erfolgreich. Deshalb *muß* ich Erfolg haben und bin auch jetzt erfolgreich. In allen Einzelheiten meines Geschäfts richte ich mein Augenmerk auf das Wesentliche und packe es entschlossen an. Ich strahle Liebe und guten Willen zu allen um mich aus sowie auch zu allen meinen Mitarbeitern. Mein Gemüt und mein Herz sind mit Gottes Liebe, Kraft und Energie gefüllt. Alle, die mit mir in Verbindung stehen, sind geistige Glieder in meinem Wachstum, meinem Wohlergehen und meinem Wohlstand. Aller Ruhm und alle Ehre gebühren Gott.«

Dieser Industriekapitän brachte all diese Dinge, die er bejahte, zum Segen zahlloser Menschen in Sichtbarkeit.

Geh hin, und tue desgleichen« (Lukas 10:37) ... und werde ein Multimillionär – zum Segen vieler Menschen!

Seine Sperre vor dem Reichtum und deren Beseitigung

Ein Grundstücksmakler erklärte mir einmal: »Ich kann es nicht verstehen – den ganzen Tag arbeite ich schwer, komme aber zu keinem Abschluß. Es erscheinen zwar Interessenten und schauen sich die Bauplätze und die Häuser, die ich zu verkaufen habe, an, doch niemand von ihnen kauft. Alle anderen Verkäufer in derselben Firma machen dagegen jeden Tag gute Abschlüsse.«

Seine Sperre lag in der Tiefe seiner Seele. Die verderbliche Gefühlsregung, die er besonders zu überwinden hatte, war der Neid. Hierin lag die Ursache seines finanziellen Mangels wie auch seiner erfolglosen Verkaufsbemühungen. Er gestand, daß er die anderen Verkäufer stets ihrer großen Provisionen wegen beneidete und ihnen ihre Erfolge mißgönnte.

Ich brachte ihn soweit, zu verstehen, daß sein neidisches Denken die schlimmstmögliche Einstellung ist, die man haben kann, weil man dadurch in einen äußerst negativen Zustand hineingerät. Ich sagte ihm, daß der Reichtum, solange er diese geistige Einstellung beibehalte, von ihm ferngehalten werde, anstatt zu ihm zu fließen. Das Heilmittel, das er schließlich entdeckte, bestand darin, all seine Kollegen zu segnen, deren glücklichere Lage seinen Neid erregt hatte.

Eine völlige Heilung auf geistigem Weg folgte der häufigen Wiederholung des nachstehenden Gebets, das er stets nachdrücklich, sinnvoll und betont sprach oder dachte: »Ich bin mir bewußt, daß ein vollkommenes Gesetz von Angebot und Nachfrage existiert. Ich übe die goldene Regel in all meinen Angelegenheiten. Ich bin im Frieden. Was immer ich zu verkaufen wünsche, drückt sich aus als eine Idee im Gemüt Gottes. Die Grundlage aller Kenntnis liegt in mir. Ich weiß alles, was ich unmittelbar zu wissen benötige. Ich erkenne an, daß alles, was ich zu kaufen und zu verkaufen wünsche, einen Austausch von Ideen im göttlichen Geist darstellt. Ich bin mir bewußt, daß stets gegenseitige Zufriedenheit, Harmonie und Frieden herrschen. Der Preis ist richtig für die richtigen Leute; alles ist in göttlicher Ordnung.

Ich kenne die Wahrheit und verstehe die Wahrheit. Ich bin das Bewußtsein Gottes in Tätigkeit. Alle Ideen, deren ich bedarf, offenbaren sich zur richtigen Zeit und in der richtigen Reihenfolge sowie Kombination. Ich empfange göttliche Ideen und erfreue mich ihrer. Ich gebe sie meinen Mitmenschen weiter und erhalte wieder neue Ideen dafür. Der Friede ist jetzt mein. Im göttlichen Gemüt gibt es keine Verzögerung; ich nehme mein Gutes jetzt an.«

Selten habe ich einen Menschen kennengelernt, der eine solche Wandlung durchmachte, sowohl geistig als auch seelisch und finanziell. Er wurde zu einem der führenden Verkäufer in seinem Unternehmen, wurde immer freundlicher, edler und verbindlicher. Seine Freundlichkeit und Herzenswärme waren echt. Die Umsätze stiegen. Er entdeckte, daß man *sich selbst* segnet, wenn man *andere* segnet. Und all seine Gefühle der Unterlegenheit und des Mangels waren überwunden.

Wie seiner Firma Reichtum zufloß

Ein mir gut bekannter Ingenieur erzählte mir einmal, daß er für jeden Beschäftigten in seiner Organisation das Rezept für dessen Vorwärtskommen besitze. Bei Konferenzen prägte er ihnen immer wieder ein, daß sie am Wachstum der Organisation teilhaben und daß alle, die fleißig arbeiten und sich harmonisch in das Ganze einfügen, rasch vorwärtskommen. Sein Geschäft, so erklärte er ihnen, sei eine Leiter zum Reichtum, die jeder durch seinen Eifer, seinen Fleiß und seine Bereitwilligkeit erklimmen könne. Tut er dies nicht, sei es sein eigener Fehler.

Von Zeit zu Zeit werden alle Mitarbeiter über die Fortschritte in der Entwicklung des Unternehmens informiert, weil sie auf einer Pro-Rata-Basis vierteljährlich am finanziellen Zuwachs teilnehmen. Seit Jahren gibt es keinerlei Wechsel mehr im Personal, und es entwickelt sich immer mehr eine sehr enge, echte und gegenseitig hilfsbereite Betriebsfamilie. Der Geist der *Zusammenarbeit* – nicht der des *Wettbewerbs* – herrscht unter den Beschäftigten vor. Neue Konten und neue Filialen werden eröffnet, und von allen Seiten fließt dieser Firma der Reichtum zu.

Segne und werde reich

Die Ursache beengter Verhältnisse ist einzig und allein dein Gemütszustand. Du mußt erkennen und daran glauben, daß dir alle Hilfsquellen und jeder Reichtum des Unendlichen zur Verfügung stehen, die bestrebt sind, durch dich ihren Ausdruck zu finden.

Viele haben die Vorstellung oder werden von dem Gedanken beherrscht, daß ihnen in Wirklichkeit nichts gehöre und sie infolgedessen stets hinter dem Wohlstand und dem Erfolg herjagen müßten.

Segne alle jene, deren Wohlstand, Erfolg und ungeheurer Reichtum dich reizt und ärgert oder deinen Neid hervorruft, und bejahe mit klarer Bestimmtheit, sie mögen auf jede erdenkliche Weise noch weit erfolgreicher gesegnet werden. Ein solches Verhalten wird deinen eigenen Gemütszustand heilen. Wenn du auf solche Weise betest und aufrichtigen Herzens deinen Segen über jene ausschüttest, die die Lebensleiter erstiegen haben und offensichtlich um vieles reicher sind als du, wirst du das Bewußtsein eines Menschen erlangen, der – im Besitz aller Dinge – aus seinem inneren wie äußeren Reichtum die Fülle der Gaben über andere ausschüttet.

Mit anderen Worten: Durch das Segnen und Beglücken anderer wirst auch du gesegnet und beglückt. Daher werden die Reichen immer reicher und die Armen immer ärmer. Die letzteren gewöhnlich neidisch und von Haß erfüllt. Und gerade diese negativen Gefühle sind es, die zu immer größeren Verlusten und immer größerer Verminderung ihres Einkommens führen. Es ist ihre eigene geistige Einstellung, die sie beraubt – nicht irgendein tückisches Geschick!

Die universelle Bank

Ein Vertreter benötigte dringend einen Wagen für seine neue Tätigkeit, hatte aber kein Geld, sich einen zu kaufen. Es war ihm jedoch bekannt, wie er einen Scheck auf seine »geistige« Bank ausstellen kann.

Er erzählte mir, daß er, nachdem er diese neue Stelle erhalten hatte, sich in sein Zimmer zurückzog und sich in seiner Vorstellung – seiner schöpferischen Imagination – das geistige Bild des gewünschten Wagens ausgemalt hatte, verbunden mit der positiven Gewißheit, daß er ihn bereits erhalten habe. Er sagte: »Ich beanspruchte ihn bereits als meinen Wagen; ich fühlte in Gedanken das Lenkrad und streifte mit meiner Hand über die Polsterung.«

Kurz darauf machte er in seinem Apartmenthaus die Bekanntschaft eines Mannes, der eben im Begriff war, für ein halbes Jahr nach Europa zu gehen. Von ihm erhielt er das Angebot: »Nehmen Sie meinen Wagen, bis ich wieder zurück bin; bis dahin werden Sie dann in der Lage sein, sich einen eigenen Wagen zu kaufen.«

Das Auto dieses Mannes war in Form und Modell genau das, was unser Freund sich zuvor in seinen Gedanken ausgemalt hatte! Schon lange zuvor, ehe sein Bekannter aus Europa zurückgekehrt war, hatte er so viel verdient, daß er sich seinen eigenen Wagen kaufen konnte. Er wußte, daß in seinem Innern eine Bank existiert, von der er jederzeit abheben konnte und deren Vorrat endlos und unbegrenzt ist; »...denn es hat eurem Vater wohlgefallen, euch das Reich zu geben« (Lukas 12:32).

Ein Gebet zur Überwindung von Neid und Groll

»Ich weiß, daß alle Menschen Brüder sind; wir alle haben einen gemeinsamen Vater. Ich wünsche jedermann Gesundheit, Glück, Fülle sowie alle Segnungen und den Reichtum des Lebens. Ich meine es aufrichtig. Ich weiß, daß alles, was ich anderen wünsche, ich mir selber wünsche; so wie ich andere segne, so segne ich auch mich selbst. Gottes Liebe durchströmt mich und die ganze Menschheit. Ich segne alle, die reicher sind als ich. Und ich segne auch jene, die mich kritisieren und übel von mir reden. Ich freue mich, alle meine Mitarbeiter wohlhabend und erfolgreich zu wissen. Ich öffne die Fenster meines Geistes und lasse den Reichtum des Himmels zu mir herein. Ich bringe allen Liebe entgegen und bejahe, daß Gottes Reichtum den Geist und das Herz aller durchströmt. Ich danke jetzt für seinen Reichtum. Es ist wundervoll!«

Zusammenfassung

1. Die Reichen werden reicher und ziehen immer mehr Güter der Erde zu sich heran, weil sie in ihrer Gedankenwelt die Verwirklichung von Gottes Unendlichem Reichtum bejahen. Die stetige und freudige Erwartung des Reichtums bewirkt, daß dir aus allen Richtungen Geld zuströmt.

2. Die Vorstellung, mit anderen konkurrieren zu müssen, begrenzt deine Versorgung. Werde zum Produzenten und Mitwirkenden und erkenne, daß du allen Reichtum, den du dir wünschst, haben kannst – ohne anderen etwas wegnehmen zu müssen. Sowenig wie eine Knappheit an Luft um uns herum besteht, sowenig ist der ewige Reichtum in unserem Universum begrenzt.

3. Wo deine Vision ist, da bist du. Halte ein geistiges Bild von dem fest, was du vollbringen willst; erfülle es mit deinem ganzen Herzen, und es wird sich verwirklichen!

4. Die Blockierung des Reichtums liegt in den tiefsten

Gründen deiner Seele. Wer andere beneidet, wird den Strom seines Reichtums von sich abriegeln und statt dessen Elend und Armut zu sich heranziehen.

5. Segne andere reichlich, dann segnest du dich selbst in gleichem Maße. Das Schiff, das zu deinem Bruder heimkehrt, kehrt auch zu dir heim!

6. Laß dein Geschäft eine Leiter sein, auf der jeder Mitarbeiter die Möglichkeit hat, zum Reichtum emporzuklimmen. Du wirst reich, wenn andere durch dich reich und nach ihrem wirklichen Wert entlohnt werden.

7. Dein Unterbewußtsein ist eine Bank. Selbst wenn du kein Geld für etwas Benötigtes oder Erwünschtes hast, forme dir ein geistiges Bild davon und fühle das Erwünschte bereits als Wirklichkeit; dann wird es auf eine dir unbekannte Weise zur Realität für dich werden.

8. Freue dich, wenn deine Mitarbeiter Erfolg haben und gedeihen. Bejahe täglich, daß Gottes Reichtum Verstand und Herz aller Menschen durchströmt, wo immer sie auch sind.

»Fürchte dich nicht, wenn ein Mann sich bereichert, wenn sich vergrößert die Herrlichkeit seines Hauses« (Psalm 49:16).

8. Kapitel

Wie man Reichtum in Sichtbarkeit bringt

Wenn wir unseren Blick auf die Fülle in der Natur richten, müssen wir erkennen, daß Überfluß an allem vorhanden ist. Die Natur ist verschwenderisch in ihrer Freigebigkeit, und überall, wo immer wir uns auch befinden mögen, werden wir uns dieser Fülle bewußt. Den Gesetzen des Lebens liegt der Plan zugrunde, uns mit unbegrenztem Reichtum zu umgeben, einem Reichtum, der weit über unsere täglichen Bedürfnisse hinausgeht.

Der Psalmist drückt das so aus: »*Die Erde ist des Herrn und was darinnen ist*« (Psalm 24:1).

Die einzige Begrenzung, die in dieser Fülle existiert, schafft der Mensch sich selbst durch seine Gier, seine Selbstsucht und Angst sowie sein Bestreben, sich die Dinge des Lebens auf unrechtmäßige Weise anzueignen. Würden jedoch vernünftige und gerechte Methoden in der Verteilung dieses Reichtums der Natur angewandt, wäre mehr als genug für alle von diesem fühl- und greifbaren Reichtum des Lebens vorhanden.

Reichtum kann sichtbar gemacht werden

In Sydney (Australien) hatte ich vor vielen Jahren eine höchst interessante Unterhaltung mit einem Zahnarzt. Ich hielt dort seinerzeit eine Vortragsreihe über die »Wunder deines Unterbewußtseins«. Dieser Mann erzählte mir, daß er in seiner Anfangszeit nur über ein »Pfennig-Bewußtsein« verfügte und infolgedessen immer nur »Pfennig-bewußte«, d. h. äußerst sparsame Patienten angezogen hatte – eine Folge seines eigenen Armutskomplexes.

Und so brachte er dann wirklichen Reichtum in sein Leben: Als er eines Abends nach meinem Vortrag über die Macht der schöpferischen Imagination (der geistigen Verbildlichung) nach Hause ging, stellte er sich lebhaft vor, wie die ganze Atmosphäre um ihn herum mit Pfundnoten angefüllt sei. Er hatte das Gefühl, daß die Luft mit ihnen vollgestopft sei. Und dieses geistige Bild sei so wirklich und lebensecht gewesen, wie die Bäume draußen vor seiner Tür. So begann er, seine Taschen mit den eingebildeten Banknoten zu füllen, sie schienen greifbar echt und wirklich für ihn zu sein. Plötzlich überkam ihn die Erkenntnis einer unbegrenzten Fülle, die für jedermann vorhanden und verfügbar ist, solange er den Glauben, die Aufgeschlossenheit und Initiative dazu besitzt, diesen göttlichen Reichtum auch zu erwarten.

Nach diesem Erlebnis zog er eine höchst einfluß- und erfolgreiche Klientel an und darüber hinaus viel mehr Menschen als er überhaupt behandeln konnte. Sein früheres Geizen, seine Pfennigfuchserei und seine Supersparsamkeit hatten damals die wohlhabenden Leute von ihm ferngehalten. Nun war ihm klargeworden, daß seine gedankliche Vorstellung ihm die Macht verleihen kann, Reichtum aller Art in Sichtbarkeit zu bringen.

Denken auf ganz bestimmte Art

Angenommen, du wünschst dir eine Orgel oder ein Klavier, dann meine ich damit selbstverständlich nicht, daß du dir lediglich ein geistiges Bild davon formen müßtest, und schon würde das gewünschte Instrument in deinem Zimmer Gestalt annehmen, ohne daß du dazu auch nur einen Finger rühren müßtest. Hättest du das nötige Geld dafür, so würdest du dich zweifelsohne auf den Weg machen und ein Klavier kaufen.

Nehmen wir jedoch an, du brauchst ein Klavier, um darauf zu üben, verfügst jedoch nicht über die Geldmittel, um eines zu kaufen. Gehe dann folgendermaßen vor: Denke an ein entzückendes Piano, sieh es in deiner Vorstellung im Zimmer stehen, lasse in Gedanken deine Finger über die Tasten gleiten, fühle deren Echtheit und die Wirklichkeit von alledem. Befühle mit den Händen die Oberfläche des Instruments und denke mit positiver Gewißheit, daß das Piano *wirklich da ist*. Es *ist* da – in deiner Vorstellung, in deinem Geist –, weil es zuerst ja auch ein Gedanke im Geist seines Herstellers war.

Nachdem du dir in deiner Vorstellung ein gedankliches Bild von dem Klavier geformt hast, beanspruche es als dein Eigentum und sei gewiß, daß dein Unterbewußtsein alles in die Wege leiten wird, um dieses Klavier in göttlicher Ordnung herbeizuschaffen. Die Unendliche Intelligenz deines Unterbewußtseins wird im Bewußtsein anderer aktiv, und das Gewünschte wird schließlich auf dir völlig unbekannten Wegen zu dir finden.

Es waren zunächst Gedanken, die zum Entstehen aller Maschinen und Instrumente auf der Welt geführt haben; ständig erschaffen sie weitere Millionen von Autos, Schreibmaschinen, Computern, Radio- und Fernsehgeräten, Musikinstrumenten in immer besserer Ausführung und Vervollkommnung sowie zahllose Haushaltsgeräte aller Art. Und alle diese Erfindungen und Entdeckungen, all diesen Fortschritt in unserem Maschinen- und Weltraumzeitalter haben Menschen auf eine ganz bestimmte, zielbewußte Weise zuwege gebracht.

Das Wunder des tätigen Glaubens

Wenn ich an das Jahr 1944 zurückdenke, kommt mir ein kleines spanisches Mädchen in den Sinn, das nur einige Türen weiter entfernt von mir gewohnt hatte. Seine Familie kannte ich sehr gut, und gelegentlich besuchte ich sie in ihrem Haus. Das kleine Mädchen war etwa acht Jahre alt und ging täglich in die örtliche Konfessionsschule.

Seit Monaten schon hatte die Kleine ihre Eltern gebeten, ihr ein Fahrrad zu kaufen, damit sie im Stadtpark spazierenfahren könne. Doch auf ihre Bitten antwortete ihre Mutter unverändert mit den Worten: »Hör auf, mich zu quälen! Du weißt doch, daß wir Krieg haben und daß Fahrräder nicht zu bekommen sind.« Trotzdem bedrängte sie ihre Mutter weiterhin mit ihren Bitten – sehr zum Verdruß ihrer Eltern. Das kleine Mädchen war ein ausgesprochener »Wildfang«, schlug sich mit den Jungen aus der Nachbarschaft herum und lief auch ab und zu mit einem blauen Auge umher.

Eines Abends sagte ich zu dem kleinen Mädchen:

»Mary, du kannst ein Fahrrad bekommen, und ich weiß auch wo.« Sofort begannen seine Augen zu leuchten. Es hörte mir aufmerksam zu und rief aus: »Wo denn?« Dann entwickelte sich zwischen uns folgendes Gespräch:

Dr. Murphy: »Geh sofort zu Bett und schließe deine Augen. Stelle dir ganz deutlich vor, wie deine Spielkameraden mit *deinem* Fahrrad im Park umherfahren und sich darüber freuen. Gott will nämlich, daß du mit deinen Spielkameraden, die *kein* Fahrrad haben, teilst und sie dadurch ebenso glücklich machst.«

Mary: »Oh, gut, wenn es weiter nichts ist, was Gott von mir wünscht und was ich tun soll, dann mache ich mit. Doch Mutter sagte, daß das Christkind mir dieses Weihnachten kein Fahrrad bringen könnte, und es sind ja nur noch zwei Wochen bis dahin!«

Dr. Murphy: »Tue nur, was ich dir gesagt habe! Wenn du im Bett liegst, mach deine Augen zu, stelle dir vor und fühle deutlich, wie du selbst mit dem Fahrrad im Stadtpark umherfährst. Stell jedoch sicher, daß du deine Spielkameraden wirklich einmal auf deinem Fahrrad sitzen siehst, wie ich es dir schon gesagt habe. Schau sie dir an, wie sie voller Freude lachen und lustig sind. Du wirst dein Fahrrad bekommen! Gott wird dem Christkind sagen, wo es eins finden kann. Lege dich nun schlafen, schlafe ein, schlafe tief, tief, schlafe!«

Am nächsten Abend befand sich Mary mit noch einem anderen Mädchen so gegen 18 Uhr in einem Kaufhaus, als Mary plötzlich zu weinen anfing. Eine Dame in der Nähe bemerkte dies und fragte leise: »Was ist, mein kleines Mädchen, hat dir jemand etwas zuleide getan?«

Mary antwortete: »Nein, doch gestern abend war ein

Mann bei uns daheim und sagte, daß Gott dem Christ-kind sagen würde, wo es für mich ein Fahrrad finden könnte, und daß ich es dann sofort bekommen würde.«

Die Dame war gerührt und sagte: »Dieser Mann hatte kein Recht, dir so etwas zu sagen!« Sie nahm das kleine Mädchen mit in ihre nahe gelegene Wohnung und gab ihr das Fahrrad ihrer vor zwei Jahren verstorbenen Toch-ter. Die Dame bemerkte dazu, daß sie stets den Wunsch in sich trug, dieses Fahrrad einem Kind schenken zu können, das Gott gern habe.

Dies ist die Kraft des tätigen Glaubens. »...*euch ge-schehe nach eurem Glauben*« (Matthäus 9:29).

Warum er keine sichtbaren Resultate erzielte

Neulich hatte ich ein Gespräch mit einem Mann, dessen Geschäft in Konkurs gegangen war. Er hatte sein Heim verloren und litt darüber hinaus an Arthritis. Je mehr er sich bemühte, seine erlittenen Verluste zu überwinden, um so mehr verfing er sich in den Maschen seines eige-nen Netzes. Er befand sich in einer ausweglosen Lage und stellte daher an mich die Frage: »Weshalb erziele ich keine Ergebnisse? Ich gehe regelmäßig in meine Kirche, bete und lese die Psalmen und habe schon eine Menge Gutes getan. Warum also straft Gott mich?«

Es entsprach der Wahrheit: Er betete und besuchte regel-mäßig seinen Gottesdienst. Ich erkannte jedoch, daß die Ursache all seiner Mißerfolge in seinem Haß zu suchen war, den er seit über zehn Jahren gegen seinen früheren Geschäftspartner hegte. Rachsüchtige und boshafte Ge-fühle hatten ihn völlig verwandelt. Er war verstockt und weigerte sich hartnäckig, ihm zu vergeben; vielmehr beschwor er Flüche und Verwünschungen auf seinen Partner herab. Diese Gemütshaltung war sein wirkliches Hindernis auf dem Weg zum Erfolg.

Ich erklärte ihm, daß die Gedanken an seinen Partner – da von Haß, Boshaftigkeit und Rachsucht erfüllt – zerstörerische Gefühlsregungen in seinem Unterbewußtsein erzeugten und darin Verwirrung stifteten. Da solche Haß-, Neid- und Rachegefühle jedoch ein Ventil benötigten, kamen sie in Form von Mangel und Begrenzung zum Vorschein. Dies alles führte schließlich zu seinem finanziellen und körperlichen Ruin.

Auf meine Empfehlung wandte er ein einfaches Heilmittel an: Er stellte sich auf Gottes inneren Frieden ein und bejahte, die Weisheit Gottes in ihm werde auf richtige Weise und zur richtigen Zeit die göttliche Ordnung wiederherstellen. In unerschütterlichem Vertrauen auf Gott, die unerschöpfliche Quelle, aus der alles seinen Ursprung nimmt, fing er an, täglich jenen Mann zu segnen, den er bisher gehaßt hatte, und forderte, die göttliche Harmonie möge ihn durchströmen und ihm Wohlhabenheit, Frieden und Fülle bescheren. Nach einigen Monaten veränderten sich die Verhältnisse zu seinen Gunsten; er gelangte zu Wohlstand und Erfolg durch große Leistungen.

Wie ein Kriegsflüchtling wunderbare Ergebnisse erzielte

Jeden Sonntagmorgen besuchte eine hübsche, charmante und spirituell orientierte Dame meinen Vortrag in Los Angeles. Einmal erzählte sie mir die zauberhafte Geschichte von ihrem früheren Leben, das sie inmitten

der schmutzigsten und verkommensten Zustände zu-
bringen mußte. In einer Art »Ghetto« in Rußland aufgewachsen, war sie dort planmäßigen Verfolgungen ihrer
Rasse ausgesetzt. Oftmals hungrig und nur halb beklei-
det, spürte sie den unwiderstehlichen Drang, nach Amerika zu gehen und dort Musik zu studieren. Sie war
entschlossen, die Ketten ihrer Verhältnisse zu sprengen
und mutig die Sklaverei ein für allemal von sich abzu-
schütteln.

Bei Ausbruch des Krieges meldete sie sich freiwillig als
Krankenpflegerin in der russischen Armee. Später wurde
sie von den Deutschen gefangengenommen und half im
Lager ihren Mitgefangenen, wo sie nur konnte. Während dieser Zeit nährte sie in sich die unverrückbare
geistige Vorstellung, einen Onkel in Los Angeles zu
umarmen. In Gedanken hörte sie ihn immer wieder die
Worte sprechen: »Willkommen in Amerika!« Jeden
Abend lullte sie sich mit dieser Vorstellung in den
Schlaf, ständig die Worte in ihren Ohren: »Willkommen
in Amerika.«

Als die amerikanischen Befreiungstruppen ihr Lager erreichten, half sie als Dolmetscherin aus und verliebte
sich dabei in einen amerikanischen Infanterieoffizier. So
führte ihr Weg sie schließlich in die Vereinigten Staaten.
Dort ist sie heute eine wunderbare Musikerin und eine
großartige Lehrerin, die von ihren Schülern geliebt und
verehrt wird. Reichlich versorgt wohnt sie in einer herrlichen Umgebung und hat all das Geld zur Verfügung,
das sie benötigt, um tun zu können, was sie gern tun
möchte. Vor allem unternimmt sie gerne große Reisen
und besucht all die berühmten und herrlichen Stätten
auf unserer Erde.

Diese Frau hat gezeigt, wie man aus Armut heraus zu

Reichtum gelangen kann; und sie hat wirklich die Höhen ihrer persönlichen Leistungsfähigkeit erreicht. Niemals ließ sie es zu, daß Ärger und Groll, Bitterkeit oder Haß gegen andere ihre Seele vergifteten. Sie weiß, daß eine Kraft im Innern eines jeden Menschen existiert, die alle Bedrängnisse dieser Welt überwinden und über sie triumphieren kann, um sie zu den Höhen des Lebens emporzuheben. Ihr biblisches Lieblingszitat lautet: »...wie ich euch auf Adlerflügeln getragen und hierher zu mir gebracht habe« (2. Mose 19:4).

Drei Worte brachten den Reichtum hervor

Eine Filmschauspielerin erklärte mir einmal, sie habe wundervolle Resultate dadurch erzielt, daß sie ihr Denken von falschen Vorstellungen und trüben Stimmungen, denen sie häufig verfiel, befreite, indem sie immer wieder die drei Worte wiederholte: »Freude, Reichtum, Erfolg.« Immer, während sie ihren täglichen Pflichten nachging, hat sie sich diese drei Worte selbst vorgesungen. Nach etwa zehn bis 15 Minuten fühlte sie sich immer frohgestimmt und verzückt, und wann immer sie finanzieller Dinge oder fehlender Verträge wegen in eine ihrer depressiven Stimmungen verfallen wollte, wiederholte sie den eindrucksvollen Klang dieser drei Worte.
Sie kam zu der Erkenntnis, daß diese Worte enorme Macht in sich tragen; denn sie setzen unsichtbare Kräfte des Unterbewußten in Bewegung. Da sie beharrlich bei dieser Überzeugung blieb, kamen – ihrem Verhalten gemäß – die gewünschten Resultate in ihrem Leben zum Vorschein.

Sie erhielt jetzt einen Vertrag nach dem anderen und war während der ganzen zurückliegenden acht Jahre keinen Tag ohne Beschäftigung. Ein Erfolg löste den anderen ab.

Sie hatte die einfache Wahrheit entdeckt, daß es nur ihre trüben Stimmungen und Selbstquälereien waren, die zu den unerfreulichen äußeren Bedingungen und Umständen in ihrem Leben geführt hatten. In dem Augenblick aber, in dem sie ihre seelischen Stimmungen der Furcht, der Unruhe und Niedergeschlagenheit ins Gegenteil verwandelte, kamen auch ihre äußeren Lebensumstände in Ordnung.

Fange jetzt damit an, deinen stillen Triumphgesang anzustimmen: »Freude – Reichtum – Erfolg«; dann werden sich auch in deinem Leben Wunder ereignen!

Gott will, daß du reich bist

Das Gesetz des Lebens beinhaltet Fülle, nicht Mangel oder Armut. Gott ist die unendliche und unerschöpfliche, ewige, nie versiegende Quelle unserer Versorgung, die im Überfluß erschafft. Du verfügst über ein unsichtbares Vermögen, das dir deinen Lebensunterhalt sichert. Gottes Vorräte sind unendlich, und da du eins bist mit dem Vater, sind auch deine Vorräte unerschöpflich.

Gott gab dem Menschen Hände, damit er seine Melodie spielen sowie wunderschöne Bauten, herrliche Anlagen und Tempel errichten kann – alles zu seinem Ruhm und seiner Ehre. Er will, daß auch du deine Talente auf eine wundervolle Art und Weise zum Ausdruck bringst. Er gab dir eine Stimme, damit du seinen Gesang der allumfassenden Liebe ertönen lassen kannst. Er gab dir Augen, um die Sprache der Blumen verstehen zu können und zu begreifen, was die Steine erzählen, um den Gesang rauschender Bäche vernehmen und so Gott in allen Dingen erkennen zu können.

In deinem Wunsch zu tanzen, sucht Gott dir zu offenbaren, daß du in einem Universum tanzender Kräfte lebst. Die ganze Welt ist ein einziger Tanz Gottes.

Mit deinem Wunsch, einen Sonnenuntergang zu malen, sucht die unbeschreibliche Schönheit Gottes ihren Ausdruck durch dich – den Künstler. Gott gab dir Ohren, den Klang der Sphären zu vernehmen sowie seiner Stimme zu lauschen, die zu dir spricht: »Dies ist der Weg, den du gehen sollst.«

Dein Wunsch zu reisen und die Welt kennenzulernen, ist ein Antrieb Gottes in dir, die Wunder seiner Welt zu entdecken und die Schönheit, den Sinn, das Ebenmaß, den Rhythmus und das gegenseitige Verhältnis aller Dinge untereinander richtig einzuschätzen und zu begreifen.

Gottes Wille ist es, daß du glücklich bist, froh und frei; daß du in einem luxuriösen Heim wohnen und hübsche Kleidung tragen kannst, daß du ein herrliches, triumphierendes Leben führen kannst.

»...Gott ist es, der in euch wirkt, sowohl das Wollen als auch das Wirken«, sagte Paulus (Philipper 2:13).

Mit deinem Wunsch nach Reichtum möchte der Unendliche dir seinen Reichtum offenbaren und dir sagen: »Mein Kind, du bist alle Zeit bei mir, und alles, was mein ist, ist auch dein« (Lukas 15:31).

Zusammenfassung

1. Die Natur ist üppig, verschwenderisch und freigebig. Die Gesetze des Lebens sind darauf angelegt, dir unbegrenzten Reichtum zu verschaffen.

2. Solange du in einem »Pfennig-Bewußtsein« lebst, wirst du nur Menschen mit Armutskomplexen zu dir heranziehen, niemals aber reich werden.

3. Du mußt dir über deinen Wunsch völlig im klaren sein, und es dann als vollendete Tatsache sehen. Sieh das Gewünschte in deinem Zimmer und fühle mit deinen imaginären Händen die Echtheit und Wirklichkeit, die Greifbarkeit der Sache; dann wirst du sie auch erhalten.

4. Was du gedanklich als wahr annimmst, wird dein Unterbewußtsein auf Wegen, die dir unbekannt sind, in Sichtbarkeit bringen – genauso wie eine völlig Fremde einem kleinen Mädchen ein Fahrrad zum Geschenk machte, weil es um eines gebetet hatte.

5. Haßgedanken sowie Gedanken der Bosheit und Rache werden dein Gebet um Reichtum blockieren und den Wohlstand von dir fernhalten, statt ihn zu dir strömen zu lassen. Wünsche jedem Menschen, was du dir selber wünschst; dann hast du den Schlüssel zur Fülle in der Hand.

6. Es gibt eine »Multimillion-Dollar-Formel«. Wiederhole diese Wahrheiten immer wieder – gefühlsbetont, verständnisinnig und beharrlich, und du wirst alle Tage deines Lebens über alles verfügen, was du benötigen solltest. Du wirst gedeihen, und zwar weit mehr als du dir erträumen kannst.

7. Drei Worte wirken Wunder: *Freude, Reichtum, Erfolg*. Wiederhole diese Worte und brenne sie immer

wieder in dein Herz ein. Sie sind gottgewollt, daher kannst du auch darauf bauen.

8. Gott will, daß du glücklich bist, reich, freudvoll und frei. Und es ist sein Wunsch, daß du ein Leben in Reichtum führst. In ihm ist Freude die Fülle; in ihm ist keine Dunkelheit.

9. Kapitel

Jede Sache ist Gottes Sache

Jegliche Form der Aktivität, alles Wirken dieser Welt ist ein Teil der Allwirkung Gottes. Es gibt nur eine höchste Kraft, die alle Dinge und alle Menschen aktiviert und belebt. Man mag zwischen spirituellem und weltlichem Tätigsein unterscheiden, doch in Wirklichkeit ist alles Wirken spirituell, wenn du das, was du tust, liebst und wenn du es zur Ehre und Verherrlichung Gottes tust.

Ein Zimmermann, der in Übereinstimmung mit den universellen Prinzipien ein Haus baut, seine Arbeit liebt und sich freut, anderen damit einen guten Dienst zu erweisen, verrichtet ebenso spirituelle Arbeit wie ein Geistlicher, der die Bedeutung der Zehn Gebote erläutert.

Wenn du eine bessere Rasierklinge oder eine bessere Rasiercreme entwickelst, ein besseres Auto baust oder sonst irgend etwas, so ist es dein Wunsch, anderen freudig zu dienen und in konstruktiver Weise zum Nutzen der Menschheit beizutragen, d. h. in allem Tun die goldene Regel zu praktizieren. Du wirkst dann im Sinne Gottes und er mit dir; und Gott ist seiner eigentlichen Natur gemäß mit dir; wer könnte dann gegen dich sein? Es gibt keine Macht – weder im Himmel noch auf

Erden –, die dir beruflichen wie geschäftlichen Erfolg und Wohlstand vorenthalten könnte.

Ein Gebet für geschäftliches Gedeihen

»Ich weiß und glaube, daß mein Geschäft das Geschäft Gottes ist. Er ist mein Partner in all meinen Angelegenheiten, und das bedeutet für mich, daß Sein Licht, Seine Liebe, Seine Wahrheit und Inspiration mein Denken und mein Herz erfüllen auf allen meinen Wegen. Durch mein festes Vertrauen in die göttliche Kraft in mir löse ich alle meine Probleme. Ich weiß, daß die göttliche Gegenwart alles trägt und erhält. Ich ruhe jetzt in Sicherheit und in Frieden. An diesem Tag gibt es keine Unklarheiten, ich bin von vollkommenem Verständnis umgeben, und es gibt eine göttliche Lösung für all meine Probleme. Ich verstehe jedermann richtig und klar – wie auch ich verstanden werde. Ich weiß, daß alle meine geschäftlichen Beziehungen mit dem göttlichen Harmoniegesetz in Einklang stehen und daß Gott in all meinen Kunden und Klienten wirkt. Ich arbeite mit anderen harmonisch zusammen, und es herrschen Glücklichsein, Frieden und Wohlstand in höchstem Maß.«

Gott ist der wahre Arbeitgeber

Eine junge Dame, die für eine große kontinentale Organisation tätig ist, sagte: »Ich pflegte von Job zu Job und von einem Arbeitgeber zum anderen zu wechseln – immer mit der Absicht, mehr Geld zu verdienen und mich ständig zu verbessern. Aber erst als ich erkannt hatte, daß Gott mein wahrer Arbeitgeber ist, daß ich für ihn arbeite und von ihm all den Reichtum empfange, den ich genieße, erlangte ich eine wundervolle Position mit einem großartigen Einkommen. Ich bin dort bereits seit sechs Jahren. Nun bin ich mit dem geschäftsführenden Vizepräsidenten verlobt. Es ist die herrlichste Sache der Welt, wenn man erkennt, daß Gott der eigentliche Arbeitgeber ist und daß man nicht für Menschen, sondern nur für ihn arbeitet. Jetzt lache und singe ich, erfreue mich meiner Arbeit und fühle mich sorgenfrei und im Frieden. Es ist einfach wunderbar!«

Wie der richtige Chef zu finden ist

Vor einigen Jahren besuchte mich ein Apotheker aus Dallas, Texas. Er beklagte sich darüber, daß sein Vorgesetzter ein launischer, nörglerischer und rechthaberischer Mensch sei und es im allgemeinen unmöglich wäre, mit ihm auszukommen. »Der einzige Grund, warum ich dort bleibe«, sagte er, »ist die gute Bezahlung; doch ich kann meinen Chef nicht ausstehen und hasse ihn so sehr, daß ich mich innerlich dadurch aufreibe. Außerdem wurden alle anderen Assistenten der Organisation bis jetzt befördert, nur ich nicht.«
Dieser junge Mann hatte Diktatoren, Despoten und Gangstern in seinem Gemüt Quartier gegeben in Form von schwelendem Zorn, Ärger und Haß. Und diese zerstörerische Gemütshaltung hatte Macht über seine Gedanken, Gefühle und Reaktionen gewonnen.
Ich erklärte ihm, daß die äußere immer die innere Situation widerspiegele, daß er sich also selbst schädige und dadurch seinem finanziellen wie beruflichen Fortschritt

im Wege stand. Er erkannte sehr schnell, daß sein Groll und seine Feindschaft sich nicht auszahlten, weil die Art und Weise seines inneren Fühlens durch die Art seines Denkens bestimmt wird. Deshalb wandelte er seine geistige Einstellung ins Gegenteil um und setzte nunmehr an die Stelle der bisherigen negativen Vorstellungen die Bilder von Erfolg, Harmonie und Wohlstand. Er begann mit diesen Ideen zu leben und nährte sie regelmäßig und systematisch in seinem Gemüt, und in Verbindung damit wünschte er entschlossen und ehrlich seinem Arbeitgeber Harmonie, Frieden und Glück.

Nach einigen Wochen fand er heraus, daß sein wirklicher Arbeitgeber seine neue Einstellung war und die Meisterung seines Lebens eindeutig von den Vorstellungsbildern abhängt, die in seinem Bewußtsein dominieren. Bald fiel ihm auf, daß sich auch die Einstellung seines Arbeitgebers ihm gegenüber gewandelt hatte. Schließlich wurde er zum Leiter eines Filialbetriebs befördert, was eine wesentliche Erhöhung für sein Einkommen bedeutete. Seine veränderte Einstellung hatte also offensichtlich eine Wandlung in ihm herbeigeführt!

Das Erfolgsgeheimnis der Verkaufskunst

Ein junger Verkäufer, mit dem ich mich kürzlich unterhalten hatte und dessen Einkommen über 25 000 Dollar im Jahr beträgt (1966, Anm. d. Übers.), wies darauf hin, daß er sich beim Verkaufen stets von dem Grundsatz des Dienens leiten läßt und deshalb immer bestrebt ist, gewinnbringend für seine Kunden zu wirken oder ihnen Geld zu ersparen, daß er also niemals auf irgendeine Weise einen Kunden zu übervorteilen versucht. Er erklärte ferner, daß er niemals beabsichtige, seinen Kunden Ware aufzudrängen, wenn er das Gefühl habe, daß der Käufer sie eigentlich nicht brauchen bzw. verkaufen könne.

Sofern es ihm einmal nicht möglich sei, den Bedarf seines Kunden zu decken, verweise er ihn an einen anderen Fabrikanten, der das habe, was sein Kunde wünscht. »Dies ist«, so sagte er, »ganz einfach das Handeln nach der goldenen Regel.« All seine Kunden schätzen diese Haltung über alle Maßen. Zwar ist ihm mancher Auftrag dadurch schon verlorengegangen, dafür aber hat er Hunderte anderer erhalten, und seine jährlichen Umsätze liegen über denjenigen anderer Vertreter in der Firma.

Die Ehrlichkeit dieses jungen Mannes, seine Anständigkeit und sein guter Wille übertrugen sich dem Unterbewußten seiner Kunden und erzeugten dort Zuversicht und Vertrauen, was wiederum auf ihn zurückkam. Sein Praktizieren der goldenen Regel ist das ganze Geheimnis seines Erfolgs im Verkaufsgeschäft sowie auch die Ursache seiner darauffolgenden Versetzung in eine Führungsposition.

Du mußt deine Kunden so behandeln, wie du von ihnen behandelt zu werden wünschst, das ist das wirkliche Geheimnis. Sag deinem Klienten, deinem Kunden oder dem Käufer deines Hauses bzw. Grundstücks das, was du von ihnen selbst gern hören würdest, wenn du der Käufer wärst. Wenn du stets auf diese Art und Weise verfährst, werden alle Menschen dieser Erde aus innerem Antrieb heraus bemüht sein, dir Gutes zu tun, und du wirst als Verkäufer einen märchenhaften Erfolg erzielen.

Deine Stimme kann Gottes Stimme sein

Ich kannte einmal einen jungen Mann von 17 Jahren, der in einem New Yorker Viertel geboren worden war, das man »Hells Kitchen« (Höllenküche) nennt. Er hatte sich damals einige meiner Vorträge angehört, die ich in New York gehalten hatte. Er verfügte über eine wunderbare Stimme, die allerdings nicht geschult bzw. nicht professionell ausgebildet worden war. Ich erzählte ihm, daß die gedankliche Vorstellung, der man seine ganze Aufmerksamkeit widme, sich in der Tiefe unseres Gemüts entwickelt und zum Ereignis wird, daß also immer eine Reaktion auf das mentale Bild in unserem Innern folgt, das im Bewußtsein festgehalten wird.

Der junge Mann sollte sich zu Hause in seinem Zimmer ruhig niedersetzen, seinen ganzen Körper entspannen und sich lebhaft vorstellen, wie er vor einem Mikrophon singt. Er sollte tatsächlich nach dem Instrument greifen, um es zu befühlen und dabei kühn behaupten: »Meine Stimme ist Gottes Stimme; ich singe erhaben und herrlich.« Er sollte ferner hören, wie ich ihm zu seinen wunderbaren Darbietungen gratulierte und ihm sagte, wie großartig seine Stimme sei. Die systematische und regelmäßige Hingabe an dieses geistige Bild rief einen tiefen Eindruck in seinem Unterbewußtsein hervor.

Schon nach kurzer Zeit machte ihm ein bekannter Gesangslehrer in New York das Angebot, ihn einige Male in der Woche kostenlos zu unterrichten, weil er der Ansicht war, daß die Aussichten des jungen Mannes großartig seien. Schließlich unterschrieb er einen Vertrag, mit dem ihm die Gelegenheit geboten wurde, ins Ausland zu gehen und in Europa, Asien, Südafrika oder sonstwo zu singen. Alle finanziellen Sorgen waren für ihn vorüber, denn er erhielt großartige Gagen. Seine verborgenen Talente und die Fähigkeit, diese zu offenbaren, waren sein *wirklicher* Reichtum. Seine Sache war insofern Gottes Sache, als seine angeborene Gesangsbegabung gottgegeben war. Wenn du es willst, kann auch deine Stimme Gottes Stimme bei deiner täglichen Arbeit sein; du mußt jedoch deine göttliche Kraft freisetzen!

Ein sicherer Weg zur Vermehrung deines Wohlstands

Ein mit mir befreundeter Geistlicher erzählte mir einmal, daß er und seine Kirche sich in der Anfangszeit in großen finanziellen Schwierigkeiten befunden hatten. Schließlich fand er jedoch heraus, welchen Weg er gehen mußte, um sich gedeihlich entfalten zu können. Er legte sich diese beiden Fragen vor: »Wie kann ich meinen Mitmenschen noch mehr nützen?« und »Auf welche Weise kann ich noch mehr zum Allgemeinwohl der Menschheit beitragen?«

Das von ihm angewandte Verfahren bewirkte Wunder: Immer wieder bejahte er voller Hingabe und Liebe: »Gott offenbart mir bessere Möglichkeiten, um meinen Mitmenschen seine Wahrheiten näherzubringen.« Alsbald begann das Geld hereinzuströmen, und in wenigen Monaten war die Hypothek auf seine Kirche zurückgezahlt. Von da an hatte er keinerlei Geldsorgen mehr.

Ebenso wirst auch du dich niemals um Geld sorgen müssen, sondern beruflich vorwärtskommen, wenn du in deinem Denken und Fühlen dich ganz der Überzeugung hingibst: »Gott offenbart mir Mittel und Wege,

meinen Mitmenschen immer besser zu dienen.« Neue
schöpferische Ideen werden dir dann eingegeben, und
dein Unternehmen, deine beruflichen Angelegenheiten
werden in jeder Hinsicht gedeihen.«

Wie jemand zum Leiter eines 200-Millionen-Dollar-Unternehmens wurde

Nach einem Vortrag in Phoenix, Arizona, unterhielt sich
ein Mann mit mir und berichtete: Als er Verkaufsleiter
einer gewissen Organisation gewesen sei, habe er einmal einen Nervenzusammenbruch erlitten und einen
Herzanfall bekommen, deren Ursachen auf Anspan-
nung, Überbelastung sowie innerbetriebliche Macht-
kämpfe zurückzuführen waren.
Als er wieder völlig genesen und in sein Büro zurückgekehrt war, machte er sich folgende Verfahrensweise zur
Gewohnheit: Jeden Morgen schloß er für zehn oder 15
Minuten die Tür seines Büros ab, um in dieser Zeit in
aller Ruhe ein vertrautes Gespräch mit Gott zu führen. Er
beanspruchte es als sein Recht, daß die Unendliche
Intelligenz all seine Tätigkeiten diesen Tag leite, daß
göttliche Liebe und Harmonie sich durchsetzen, wo
Mißklang herrsche, und daß sein Urteil und seine Entscheidungen von Gottes Weisheit getragen würden, die
seinen Verstand durchdringe, so daß sich ihm der vollkommene Plan offenbare und ihm damit der Weg gezeigt würde, den er gehen solle. Er gab seiner Überzeugung Ausdruck, daß Gott auf all seine Probleme die
Antworten wüßte, daß er eins mit ihm sei und – wenn er
diese höchste Weisheit anrufe – er immer eine Antwort
erhalten werde. Er forderte kühn: »Göttliches Gesetz

und göttliche Ordnung leiten mich, die Direktoren und die gesamte Organisation. Ich strahle Liebe und guten Willen zu allen aus und wünsche ihnen Frieden und Wohlergehen.«

Nach dieser Vorgehensweise fehlte er keinen Tag mehr bei der Arbeit und fühlte sich in jeder Beziehung gesünder und glücklicher. Ununterbrochen kamen ihm neue schöpferische Ideen, wie die Fabrikation der Erzeugnisse seiner Gesellschaft erweitert und gesteigert werden könnte. Und das Unternehmen gedieh infolgedessen über alle Erwartungen. Er stieg zum leitenden Angestellten auf und wurde innerhalb von zwei Jahren zum Präsidenten eines riesigen Unternehmens gewählt, wodurch sich sein Einkommen enorm erhöhte.

Er hatte sich selbst bewiesen, daß Gottes Angelegenheiten immer gedeihen. Du kannst das gleiche tun – zu deinem eigenen Nutzen.

Heute wird nicht gepfändet!

Angenommen, du könntest heute deinen Zahlungsverpflichtungen nicht nachkommen – die fällige Hypothek nicht bezahlen oder auch andere Rechnungen nicht begleichen. Oder du blickst angsterfüllt einem bestimmten Tag entgegen, an dem du einen Fehlschlag erwartest. Dann ist es Zeit, dir darüber klarzuwerden, daß du nur dein gegenwärtiges Denken zu ändern brauchst, um damit auch deine Verhältnisse zu ändern. Was du erlebst, ist stets und ständig die äußere Widerspiegelung deiner geistigen Einstellung. Was dir also heute begegnet, ist das Ergebnis deines gegenwärtigen Denkens und Fühlens.

Denke daher immer richtig; denn stets ist die Zukunft die Offenbarung des augenblicklichen Denkzustandes. Ändere dein Denken noch heute, so kannst du deine Zukunft harmonisch, friedlich und erfolgreich gestalten.

Deine heutigen Schwierigkeiten sind die Folge deines heutigen Denkens. Im göttlichen Gemüt gibt es aber weder Zeit noch Raum; daher ist dein Gutes buchstäblich der gegenwärtige Augenblick. Das Vergangene ist ein Ausdruck der augenblicklichen Denkweise, d. h. wenn du an etwas Vergangenes denkst, dann belebst du es jetzt in diesem Augenblick neu; ebenso ist ein Gedanke an die Zukunft ein gegenwärtiger Gedanke, denn du denkst ihn jetzt, in diesem Augenblick. Wir leben nämlich im Jetzt – in diesem Augenblick. Ändere dieses *Jetzt*, dann änderst du auch dein Schicksal! Der einzige Moment, den du unter Kontrolle hast, ist diese Gegenwart. Daher sagten schon die alten Hindu-Mystiker: »Gott (dein Gutes) ist das Ewige Jetzt.«

Drei Stufen zum geschäftlichen Erfolg

Eine junge Dame leitete einen hübschen Frisiersalon. Da jedoch ihre Mutter erkrankte, mußte sie eine beträchtliche Zeit der häuslichen Arbeit und Pflege widmen und damit notwendigerweise ihr Geschäft vernachlässigen. Während ihrer Abwesenheit unterschlugen zwei ihrer Angestellten Geld, und sie geriet in tiefe Schulden.

Um ihre geschäftlichen Verluste wieder wettzumachen, entschloß sie sich, folgende drei Schritte zu tun:

1. Schritt: Sie stellte sich vor, wie der Filialleiter ihrer

Bank ihr zu ihrem wundervollen Guthaben gratulierte, und hielt dieses gedankliche Bild etwa fünf Minuten lang fest.

2. Schritt: In ihrer Vorstellung hörte sie ihre Mutter zu sich sagen: »Ich bin glücklich, daß du so erfolgreich bist und so wunderbare Kunden hast!« Für etwa drei bis fünf Minuten blieb sie bei der Vorstellung, wie diese Worte von ihrer Mutter in glücklicher und fröhlicher Stimmung gesprochen wurden.

3. Schritt: Kurz vor dem Schlafengehen bejahte sie: »Ich diene allen mit Liebe, und Gott segnet durch mich jedermann in meinem Salon.«

In weniger als drei Wochen begann ihr Geschäft aufzublühen, und sie mußte weiteres Personal einstellen. In der Zwischenzeit hatte sie geheiratet und von ihrem Mann ein Hochzeitsgeschenk von 20 000 Dollar erhalten. Nun konnte sie ihr Geschäft vergrößern und mit einer neuen modernen Einrichtung ausstatten.

Die Wahrheit über den Kauf und Verkauf

Häufig werde ich konsultiert, um in Verbindung mit dem Kauf oder Verkauf von Grundbesitz, Häusern oder Geschäften meinen Rat zu erteilen. Tatsächlich gilt dies für jedes Erzeugnis, das man zu kaufen bzw. zu verkaufen wünscht. Wenn du etwas verkaufen willst, so bedeutet dies, daß du bereit bist, deinen Besitz, dein Haus usw. abzugeben, weil du dich verändern möchtest; andererseits weist es darauf hin, daß ein anderer bereit ist, deinen Besitz zu übernehmen.

Wenn du erkennst und davon überzeugt bist, daß du bei einem Kauf oder Verkauf stets zur rechten Zeit mit dem richtigen Käufer bzw. Verkäufer in Verbindung bist, dann wird dein Unterbewußtsein euch beide zusammenführen. Du betätigst dann das Gesetz der Anziehung und wirst den Handel immer mit einer Person erfolgreich abschließen, die ebenfalls völlig mit dem Abschluß zufrieden sein wird. Alles vollzieht sich in göttlicher Ordnung.

Du wirst auch immer den richtigen, angemessenen Preis verlangen, und sollte die Situation umgekehrt sein, auch selbst willig einen geforderten Preis bezahlen.

Tägliche Bejahungen für finanziellen Erfolg

»Wußtet ihr nicht, daß ich in dem sein muß, was meines Vaters ist?« (Lukas 2:49). »Ich weiß, daß mein Geschäft, mein Beruf, meine Tätigkeit Gottes Tätigkeit ist. Und Gott ist immer erfolgreich. Von Tag zu Tag nehme ich zu an Weisheit und Verständnis. Ich weiß, glaube und nehme die Tatsache an, daß Gottes Gesetz der Fülle immer für mich, durch mich und überall um mich herum in Tätigkeit ist.

Mein Geschäft oder mein Beruf ist erfüllt von richtigem Handeln und guten Resultaten. Die Ideen, das Geld und die Erzeugnisse sowie die richtigen Verbindungen, die ich benötige, sind jetzt mein für alle Zeit. Alle diese Dinge werden von mir durch das Universelle Gesetz der Anziehung unwiderstehlich angezogen. Gott ist das Leben meines Wirkens. Ich bin göttlich geführt und erhalte zu jeder Zeit göttliche Eingebungen. Jeden Tag bieten sich mir wunderbare Gelegenheiten, mich weiter zu entfalten und vorwärtszukommen. Ich baue auf gutem Willen auf. Ich bin äußerst erfolgreich, weil ich meine

Geschäfte mit anderen so abwickle, wie ich wünschte, daß andere sie mit mir abwickelten.«

Zusammenfassung

1. Alles Wirken ist Gottes Wirken; und Gottes Wirken ist stets erfolgreich. Tue alle Dinge freudig und gern – zu seiner Ehre und Verherrlichung!

2. Erkenne, daß Gott in all deinen beruflichen wie geschäftlichen Angelegenheiten dein Partner ist, da er auch all deinen Kunden und Klienten innewohnt. Dann wirst du auf all deinen Wegen göttlich geführt und geleitet sein.

3. Werde dir darüber klar, daß dein einziger Arbeitgeber Gott ist. Dann wirst du immer mit Gewinn arbeiten und ein tiefes, bleibendes Gefühl der Sicherheit erlangen.

4. Dein wirklicher Meister ist deine vorherrschende geistige Einstellung; denn unsere Ideen sind unsere Meister und bestimmen unsere Haltung. Durchdringe dein Denken und Fühlen mit den Bildern der Harmonie, des Erfolgs und Wohlstands; wenn du das Gute *in dir* hast, so wird es auch nach *außen hin* in Erscheinung treten.

5. Um Erfolg in Verkaufsgeschäften zu haben, mußt du den Dienst an deinem Kunden in den Vordergrund stellen. Dann ist dir der Erfolg sicher.

6. Solltest du mit der Gabe des Gesanges in deinem Herzen ausgestattet sein, so denke daran, daß deine Stimme die Stimme Gottes ist und dein Gesang die Zuhörerschaft beglücken und begeistern wird. Dies ist der sichere Weg, Ruhm und Ehre zu erlangen.

7. Gehen deine Geschäfte nur schleppend, so bete wie folgt: »Die Unendliche Intelligenz offenbart mir bessere

Möglichkeiten, anderen zu dienen.« Dies wird dir zu raschem und erfreulichem Fortschritt verhelfen.

8. Die Ursachen deiner heutigen Erfahrungen liegen nicht im Gestern; sie sind vielmehr das Spiegelbild deines gegenwärtigen Denkens. Alles wird sich ändern, wenn du dein Denken änderst, und zwar sofort, d. h. *jetzt*; denn die Zukunft wird durch dein jetziges Denken und Fühlen bestimmt.

9. Sei dir beim Kaufen wie Verkaufen immer bewußt, daß du zur richtigen Zeit auch mit dem richtigen Käufer bzw. Verkäufer in Verbindung kommst. Dem Gesetz der Anziehung entsprechend, wirst du mit ihm zusammengeführt, und jeder Geschäftsabschluß wird von gegenseitiger Zufriedenheit und Harmonie getragen sein.

10. Kapitel

Das Gesetz des Wachstums

Im 1. Brief des Paulus an die Korinther lesen wir: »*Ich habe gepflanzt, Apollos hat begossen, Gott aber hat das Wachstum gegeben*« (1. Korinther 3:6).

Alle Menschen auf dieser Welt streben die Vermehrung ihres Guten an. Es ist der Drang des Universellen – der Drang Gottes – in ihnen, immer und in allen Phasen ihres Lebens nach besseren Lebensbedingungen zu streben.

Dein Wunsch nach Vermehrung deines Wohlstands, nach Erweiterung und Ausdehnung sowie nach Entfaltung entspricht einem grundlegenden Antrieb deines Wesens. Du möchtest den Kreis deiner Freunde vergrößern, wünschst dir mehr und bessere Nahrung, Kleidung, Autos und Wohnstätten sowie immer mehr Luxus des Lebens. Darüber hinaus möchtest du größere Reisen unternehmen, mehr über deine inneren Kräfte erfahren und auch deine Erlebnisse am Schönen steigern; kurz gesagt: Du willst das Leben reichlich und in Fülle genießen.

Der Weizen wird in den Ackerboden gepflanzt, die Erde bewässert – jedoch erst Gott gibt das Wachstum, indem er das gepflanzte Korn hundert- und tausendfach vermehrt. Ebenso wird sich alles, was du dir durch deine Gedanken und Gefühle in deinem Geist ausmalst, wachsen und sich in der sichtbaren Welt offenbaren. Unter Wachstum ist hier die Vermehrung deines Guten, die Entfaltung deines Denkens bzw. Planens zu verstehen. Es kann aber nichts wachsen, was nicht vorher gesät worden war. Wenn keine Handlung initiiert wurde, kann es selbstverständlich keine Vermehrung geben. Präge daher von nun an deinem Denken nur noch Bilder zunehmender Fülle ein. Das kannst du nicht allein tun, zu ihrer Verwirklichung brauchst du die Mitwirkung Gottes; denn nur er gibt das Wachstum.

Wie eine Idee Tausende von Dollar einbrachte

Dr. Olive Gaze, die Witwe des ehemals international bekannten Dozenten der »Psychologie des täglichen Lebens«, Dr. Harry Gaze, erzählte mir eine interessante Anekdote von ihrem verstorbenen Mann.

Dr. Gaze war einst, noch sehr jung an Jahren, von England in die Vereinigten Staaten gekommen, um dort Vorträge über »Die Gesetze des Denkens« zu halten. Als er von seinem Hotel in Chicago, das in der Nähe des dortigen Opernhauses lag, einen Blick zum Fenster hinausgeworfen hatte, sah er, wie nach Beendigung einer Nachmittagsvorstellung eine große Menschenmenge das Gebäude verließ. Da sagte er zu sich:

»In diesem Opernhaus werde ich zu einem würdigen Publikum, das in Scharen zu meinen Vorträgen strömen wird, sprechen. Und Gottes Segen wird sich in überreichem Maße über mich und meine Zuhörer ergießen.«

Als er den Manager des Opernhauses aufsuchte, um es

für einen Vortrag über die »Psychologie des täglichen Lebens« zu mieten, besaß Dr. Gaze ganze hundert Dollar. Der Manager lachte; als er ihn jedoch über die Kräfte der Gedanken sprechen hörte, interessierte er sich dafür in zunehmendem Maße, und schließlich überließ er ihm eine Woche das Opernhaus, um einige tausend Dollar einzunehmen, die nötig waren, das Haus für seine Vortragsserie mieten zu können.

Während der ganzen Woche beharrte Dr. Gaze in seiner Bejahung: »Gott gibt das Wachstum. Meine Idee ist gut; sie bringt allen Segen und breitet sich aus.«

Dann traf Dr. Gaze mit Mr. McCormick zusammen, einem Chicagoer Multimillionär, der sich außerordentlich für seine geistige Therapie interessierte. Zu dem Essen, das er für ihn gab, hatte er noch elf weitere Millionäre als Gäste eingeladen. Vor diesem Zuhörerkreis hielt Dr. Gaze nun eine Rede über die Kräfte des Geistes, und zwar mit dem Erfolg, daß jeder der Anwesenden eine beträchtliche Geldsumme zur Verfügung stellte. Damit war es möglich geworden, nicht nur die erforderliche Werbung zu finanzieren, sondern auch die nötige große Summe für die Miete des Opernhauses aufzubringen.

Dr. Gazes Traum hatte sich verwirklicht; denn genauso wie er es sich einige Wochen vorher vorgestellt hatte, als er vom Fenster seines Hotels zum Opernhaus hinüberblickte, verließen nun auch nach seinen Vorträgen Menschenmengen das Haus. Dr. Gaze hatte in sich das mentale Bild aufgenommen und – bereits die Vollendung seiner Idee vor Augen – es mit einem Gefühl der Freude und der ruhigen Gelassenheit beseelt, davon überzeugt, daß Gott das Gute hervorbringen wird.

Wie eine Lehrerin all ihren Schülern
Förderung angedeihen ließ

Eine Lehrerin, die regelmäßig zu meinen Vorträgen kommt, erzählte mir einmal, daß sie früher in der Schule große Schwierigkeiten mit störrischen Kindern hatte. Seitdem sie jedoch eine ganz bestimmte Methode anwandte, gelangte sie zu bemerkenswerten und erstaunlichen Resultaten.

Jeden Morgen vor Beginn des Unterrichts zieht sie sich für 15 Minuten zurück, beruhigt ihr Gemüt und bejaht still in Gedanken: »Ich bin ein schöpferischer Mittelpunkt Gottes und bringe den Schülern und Schülerinnen meiner Klasse mehr und mehr an Liebe und Verständnis entgegen. Ich übertrage jedem Schüler die Idee des Wachstums und Vorwärtskommens und vertraue unerschütterlich darauf, daß alle mit Liebe und Begeisterung lernen, rasch auffassen und mitarbeiten. Ich bin der festen Überzeugung, daß jedes Kind meiner Klasse auf diese Weise im Lernen Fortschritte erzielt; und diese Überzeugung teilt sich dem Unterbewußtsein eines jeden von ihnen mit. Und so ist es.«

In den darauffolgenden Jahren wurden dieser Lehrerin aufgrund der Ordnung und Disziplin in ihrer Klasse sowie der außerordentlich guten Leistungen ihrer Schüler immer wieder Lob und Anerkennung zuteil. Kürzlich wurde sie befördert und an eine andere Schule versetzt, und das war mit einer wesentlichen Erhöhung ihres Einkommens verbunden. Ununterbrochen bejahte sie das Gedeihen für ihre Schüler und sich selbst und erlebte es, wie diese – und auch sie selbst – dadurch Gottes Segen empfingen.

Auf ihrem Schreibtisch befindet sich ein Sinnspruch

folgenden Inhalts: »Was ich für mich wünsche, das wünsche ich jedermann.« Und dieser Spruch zahlte sich wahrhaftig aus.

Vom Holzhütten-Zimmermann zum Baumeister für Wolkenkratzer

Unlängst hielt ich Vorträge in Phoenix, Arizona, und sprach dort in der Church of Divine Science, die von Dr. Jacob Soger, einem hervorragenden ehemaligen Rabbiner geleitet wird. Frei von jeder konfessionellen Bindung steht sein heutiges Wirken ganz im Dienst des Lebens nach mentalen und spirituellen Gesetzen.

Nach einem Vortrag nun erzählte mir ein Mann, daß er vor 20 Jahren in dieser Stadt in der Wüste Arizonas Gelegenheitsarbeiten als Zimmermann ausgeführt hatte. Eine alte, baufällige Hütte in den nahen Bergen diente ihm damals als Unterkunft. Doch schon damals fühlte er den brennenden Wunsch in sich, Wolkenkratzer gleich denen in der New Yorker City bauen zu können. Mit Überzeugung sprach er folgende Worte zu sich selbst: »Ich werde reich, weil ich andere reich mache und allen Segen bringe.«

Dieser veränderten geistigen Einstellung gemäß wandten sich immer mehr Männer und Frauen an ihn, um seine Dienste in Anspruch zu nehmen. Sein Geschäft weitete sich derart rasch aus, daß er gezwungen war, weitere Mitarbeiter einzustellen.

Schließlich baute er für einen sehr reichen Mann ein Haus, der aus gesundheitlichen Gründen aus dem Osten in diese Gegend gekommen war. Aufgrund seiner ausgezeichneten Arbeit half dieser Mann ihm, sich als

Bauunternehmer zu etablieren und beanspruchte für sich selbst nur einen geringen Geschäftsanteil. Als der wohlhabende Mann starb, hatte er ihm das alleinige Besitzrecht der Firma übertragen. Heute ist der einstige Zimmermann mehrfacher Millionär und hat schon mehrere Wolkenkratzer erbaut.

Fange auch du damit an, dich reich zu fühlen – wie dieser Zimmermann! Du wirst erstaunt sein, welch unerwartete Glücksfälle aus allen Richtungen auf dich zukommen. Du wirst umfassende Geschäftsverbindungen anknüpfen können und – mit Gottes Hilfe – zwangsläufig alles bekommen, was du benötigst, um deine Zukunftspläne und dein Vorwärtskommen zu verwirklichen.

Es tut nichts zur Sache, was du im *Augenblick* bist oder tust – ob Stenograph, Sekretärin, Rechtsanwalt, Apotheker, Taxifahrer oder Geistlicher. Wenn du jetzt damit beginnst, dein Denken klar auf Bilder von Wohlhabenheit, Gesundheit und die Beglückung anderer einzustellen, werden diese Vorstellungen unterbewußt empfunden und durch das Universelle Gesetz der Anziehung in Erscheinung treten, d. h. du wirst zu fabelhaftem Reichtum gelangen – geistig, seelisch und materiell.

Warum die Leute sich vor seiner Tür drängen

Ein mir bekannter junger Arzt erstaunt seine Kollegen immer wieder durch seinen phänomenalen Erfolg. Die Patienten kommen in Scharen zu ihm. Er erzählte mir, daß er am Tag der Eröffnung seiner Praxis wie folgt meditierte: »Ich erhalte und verlängere das Leben anderer. Gott ist der große Arzt, und ich bin sein Instrument; er heilt durch mich. Jeder, den ich berühre, erfährt wunderbare Heilung; ich wirke ständig in Übereinstimmung mit der Unendlichen, heilenden Gegenwart. Ich danke für meinen Erfolg, meine Leistung und für den Reichtum des Lebens.«

Jeden Tag betet er in der oben erwähnten Weise. Er kann bei weitem nicht alle Patienten, die zu ihm kommen, behandeln und muß viele von ihnen an andere Ärzte überweisen.

Wie ein Pfarrer Nutzen aus geistiger Erneuerung zog

Kürzlich sprach ich mit einem Geistlichen, dessen kirchliche Gemeinde sich auf etwa 50 bis 60 Menschen verringert hatte. Während unseres Gesprächs stellte ich fest, daß der Grund für diesen Rückgang darin zu suchen war, daß den Menschen nicht das geboten wurde, was sie wünschten bzw. für das tägliche Leben nötig hatten.

Sogleich änderte er seine bisherige Einstellung ins Gegenteil um und begann die Leute zu lehren, auf welche Weise ein erfülltes und glückliches Leben zu führen sei, wie man gedeihen und harmonische menschliche Beziehungen pflegen könne, wie man geliebt wird, auf welche Weise man geschäftlich oder beruflich vorwärtskommen kann und ferner, wie man Gesundheit und Vitalität erlangt und inspiriert wird. Er hatte erkannt, daß er diese Qualitäten anderen nur dann vermitteln kann, wenn sie ein Teil seines eigenen Lebens geworden sind.

So begann er in die Tat umzusetzen, was er predigte, und er demonstrierte die Gesetze des Lebens von der

Kanzel herab. In einer Zeit von drei Monaten war seine Gemeinde auf 500 Mitglieder angewachsen; die Menschen versicherten ihm: »Das sind die Dinge, die wir hören wollen. Wir haben einen neuen Mann auf der Kanzel!«

Völlig umgewandelt durch die Erneuerung in seinem Denken, hatte dieser Geistliche bewiesen, daß das Gesetz des Wachstums mathematisch und ebenso sicher wirkt wie die Gesetze der Chemie, Physik oder der Schwerkraft.

Gelegenheit zum Vorwärtskommen ist immerwährend vorhanden

Manche Leute sind der Meinung, sie könnten nur deshalb nicht vorwärtskommen bzw. befördert werden, weil sie an einem Platz tätig seien, der keine Möglichkeit zum Vorwärtskommen biete oder wo Löhne und Gehälter durch gewisse Normen festgesetzt sind. All dies muß nicht so bleiben. Du kannst die geistigen Gesetze jederzeit und unter allen Umständen anwenden, um in deinem Leben vorwärtszukommen und höherzusteigen.

Das Geheimnis liegt einzig und allein darin, sich ein klares mentales Bild von *dem* zu formen, was du sein willst oder dir wünschst, und zu wissen, daß die Kraft und Weisheit deines Unterbewußtseins dich auf den richtigen Weg führen wird. Du mußt darauf beharren und entschlossen sein, das zu werden, was du dir wünschst. Glaube daran, daß dein geistiges Bild sich in deinem Unterbewußtsein festsetzen, entwickeln und entfalten wird, bis es als Wirklichkeit in deinen Erfahrungsbereich tritt.

Liebe deine gegenwärtige Tätigkeit, d. h. tu dein Bestes, wo du auch bist! Sei verbindlich, nett, freundlich und voll guten Willens. Denke großzügig und fühle dich reich, dann wird deine augenblickliche Tätigkeit ganz einfach ein Sprungbrett zu weiteren Erfolgen sein. Sei dir stets deines wahren Wertes bewußt, und fordere im Geiste Reichtum für dich wie auch für alle jene, denen du im Laufe des Tages begegnest – sei es dein Chef, irgendein Mitarbeiter, dein Vorarbeiter, ein Kunde oder ein Freund, kurz, all jene, mit denen du zu tun hast. Du wirst spüren, wie du Reichtum und Förderung ausstrahlst, und sehr bald wird dir durch die Unendliche Intelligenz eine neue Tür der Gelegenheit aufgetan werden.

Nichts auf der ganzen Welt kann dich von deinem Erfolg abhalten, außer – du selbst, d. h. dein eigenes Denken und deine Vorstellung von dir selbst.

Wenn du Fortschritt erstrebst und ihn dir ausmalst, wenn dir die Gelegenheit zu mehr Geld, zur Verbesserung deiner Lage und deines Ansehens geboten wird, wenn du für eine Idee empfänglich bist, dann greife zu! Dies kann sich als ein Schritt zu bedeutenderen Gelegenheiten erweisen. Geh nun durch diese »Tür der Gelegenheit« – die Tür zu einem fortschrittlichen Leben und nimm den Reichtum Gottes in Empfang – hier und jetzt.

Wie ein Geschäftsmann sein negatives Denken überwand

Eine Frau beklagte sich bei mir darüber, daß ihr Mann immer nur der Regierung und den Steuern sowie dem

Konkurrenzsystem die Schuld an seinen fehlenden, nicht ausreichenden Geldmitteln zuschob.

In einem Gespräch mit dem Mann fand ich heraus, daß er sich als Opfer der Verhältnisse betrachtete, statt sich als Meister seiner Lage zu fühlen. Langsam fing er aber an zu begreifen, daß er damit beginnen müsse, schöpferisch zu planen, daß er sich über sein Milieu und seine Lage erheben könne, weil er ein Angehöriger des Königreiches Gottes ist. Sein tägliches Gebet lautete wie folgt:

»Das Gesetz des Wachstums wirkt zwangsläufig, und mein Denken ist immer aufnahmebereit für Ideen des Fortschritts und der üppigen Vermehrung. Mein Geschäft blüht und gedeiht und entfaltet sich auf wundervolle Weise. Meine Einkünfte vermehren sich außerordentlich. Innerlich wie äußerlich bin ich überreichlich versorgt durch den unbegrenzten Vorrat in mir. Ich öffne mein Denken und mein Herz der Fülle und dem Reichtum Gottes; ich werde zunehmend reich – innerlich wie äußerlich.«

Da er seinem Denken diese inneren Wahrheiten einprägte, wurde seine äußere Versorgung immer reichlicher. Nun ist er geschäftlich selbständig und außerordentlich erfolgreich.

Zusammenfassung

1. Alle Menschen streben nach Entfaltung und Vermehrung ihres Guten. Dies ist der göttliche Antrieb in dir, der durch dich seinen Ausdruck sucht und dir zeigt, wie du vorwärtskommen und einen höheren Lebensstandard erreichen kannst.

2. Forme dir von dem, was du dir wünschst, ein mentales Bild, lade es auf mit einem Gefühl der Freude und erwarte mit Gelassenheit das glückliche Ende, dann wirst du die Freude des beantworteten Gebets erleben.

3. Du bist ein schöpferisches Zentrum, und du kannst allen in zunehmendem Maße Liebe, Weisheit und Verständnis angedeihen lassen. So wie du gibst, so wirst du empfangen, und Wunder werden sich in deinem Leben ereignen.

4. Laß diese Wahrheiten tief in dein Gemüt einsinken; umhülle sie mit Glauben in der Erwartung: »Ich werde reich, ich mache andere reich und bringe allen Segen.« Dies ist der königliche Weg zum Reichtum.

5. Lasse deinen Mitmenschen in Gedanken Förderung angedeihen und erkenne dich als ein Instrument Gottes, durch das seine Liebe, seine Wahrheit und Schönheit sowie sein Reichtum strömen. Bejahe, daß diese Qualitäten ständig auch durch andere fließen, dann wirst du Reichtum, Freunde, Kunden und Klienten zu dir heranziehen und wunderbare Erfahrungen machen.

6. Wenn du ein Geistlicher bist, dann lehre die Menschen den Reichtum des Lebens zu erkennen, lehre sie die Gesetze des Wohlstands und die Wissenschaft vom glücklichen, fröhlichen und erfolgreichen Leben; dann wird es in deiner Kirche keinen leeren Platz mehr geben.

7. Ständig bieten sich dir günstige Gelegenheiten. Forme dir ein geistiges Bild von dem, was du sein möchtest, fühle und wisse, daß die Macht deines Unterbewußtseins dies in deine Erfahrung bringen wird. Das ist *jetzt* deine Gelegenheit!

8. Niemand außer dir selbst ist für Mißerfolge verantwortlich zu machen. Hör auf damit, der Regierung, den

Steuern, der Konkurrenz und den Umweltbedingungen die Schuld zu geben! Du bist ein Teil des Unendlichen Geistes und Reichtums. Denke großzügig, denke in Bildern des Reichtums, und fühle dich reich – dann wird das Gesetz der Anziehung das übrige bewirken.

11. Kapitel

Mentale Vorstellungsbilder und Reichtum

Napoleon sagte einmal: »Imagination regiert die Welt«, und auf ähnliche Weise drückte Henry Ward Beecher es aus: »Eine Seele ohne Imagination gleicht einem Observatorium ohne Teleskop.«

Die schöpferische Imagination ist eine der wesentlichsten Fähigkeiten deines Geistes. Sie hat die Kraft, deinen Ideen Ausdruck zu verleihen und diese auf dem Bildschirm des Lebens sichtbar zu machen. Die schöpferische Imagination (Vorstellungskraft) ist das mächtige Instrument, das von allen großen Wissenschaftlern, Künstlern, Ärzten, Erfindern, Industriekapitänen und Schriftstellern eingesetzt wird. Mit Hilfe ihrer Imagination vermögen Wissenschaftler in die Tiefen der Wirklichkeit vorzudringen und die Geheimnisse der Natur zu enthüllen.

Wo alle Welt spricht: »Das ist unmöglich; das ist nicht zu schaffen«, sagt der Mensch mit disziplinierter, gezügelter und aktiver Vorstellungskraft: »Es *ist* möglich!«

Es ist für dich genauso leicht – und dabei weit interessanter, fesselnder und verlockender – dir vorzustellen, daß du reich und erfolgreich bist, wie bei Gedanken der Armut, Kargheit und Fehlschläge zu verweilen. Sollen sich deine Wünsche und Ideale verwirklichen, mußt du dir von ihnen in deiner Vorstellung ein gedankliches Bild des erfüllten Zustandes formen. Stell dir das, was du dir wünschst, beständig als schon vorhanden vor, und du wirst es auf diese Weise auch erhalten; denn was man sich in seinen Gedanken als wahr und echt vorstellt – seinen Idealen getreu – wird sich eines Tages verwirklichen. Der geniale Architekt in dir wird immer das auf dem Bildschirm deines Lebens in Sichtbarkeit bringen, was du deinem unterbewußten Schaltwerk eingeprägt hast!

Er stellte sich ein Millionen-Dollar-Geschäft vor

Bei einer gelegentlichen Unterhaltung mit einem sehr erfolgreichen Geschäftsmann erfuhr ich, wie er aus kleinen Verhältnissen heraus zu diesem Erfolg gekommen war. Jahrelang pflegte er sich in seinen Vorstellungen regelmäßig und systematisch auszumalen, der Chef einer großen Gesellschaft mit Zweigstellen zu sein, die über das ganze Land verteilt sind. Für zehn oder 15 Minuten – morgens, nachmittags und abends – sah er vor seinem geistigen Auge die gigantischen Gebäude der Fabriken und Warenhäuser stehen; er wußte, daß die geheimnisvolle Kraft seines Geistes jene Gebäude würden entstehen lassen können, die er sich in seinem Traumbild vorstellte.

Allmählich nahm sein Geschäft einen solchen Aufschwung, daß er es vergrößern und weitere Zweigstellen eröffnen mußte. Durch das Universelle Gesetz der Anziehung kamen ihm die richtigen Ideen, erhielt er das erforderliche Personal, fand er die richtigen Freunde und auch das nötige Geld sowie alles, was sonst noch für die völlige Entfaltung seines Ideals erforderlich war. Mit Überzeugung und Beharrlichkeit übte und verfeinerte er immer mehr seine Vorstellungskraft und lebte so lange mit seinen mentalen Vorstellungsmustern, bis sein Einfallsreichtum sie in sichtbare Formen gekleidet hatte. Heute ist er märchenhaft reich und Präsident einer Gesellschaft, die Tausende von Menschen beschäftigt.

Sie schuf Reichtum für ihren Bruder

Eine Studentin an der Universität von Südkalifornien hatte sich gedanklich mit meiner Auslegung beschäftigt, daß eine der Bedeutungen von *Joseph* in der Bibel sinngemäß »Vorstellungskraft« sei. In der Bibel heißt es unter anderem: *»Er trägt eine Jacke von vielen Farben.«* Was hier biblisch als Jacke bezeichnet wird, ist im psychologischen Sinne als »Überzug« zu verstehen. Deine psychologischen Kleidungsstücke sind die geistigen Einstellungen, deine Gemütshaltungen und Gefühle, die dich bewegen. Josephs »vielfarbige Jacke« bezeichnet die vielen Facetten eines Diamanten bzw. deine Fähigkeit, irgendwelchen Ideen Form und Gestalt zu verleihen.

Daraufhin begann die Studentin damit, sich ihren Bruder, der sehr arm war, vorzustellen, als lebe er geborgen im Luxus. Sie malte sich aus, wie sein Gesicht vor Freude aufleuchtete, den Ausdruck wechselte und wie ein breites Lächeln über seine Lippen kam. Weiter stellte sie sich ihn vor, wie er zu ihr *das* sagte, was sie von ihm hören wollte, nämlich: »Schwesterchen, ich bin wohlhabend, erfolgreich und glücklich. Ich fühle mich wunderbar. Ich besitze einen neuen Wagen und eine entzückende Wohnung. Ich schwimme im Geld.«

Tag und Nacht blieb sie ihrem Mentalbild treu; sie empfand es so lebensecht und wirklich, bis es ihr gelang, ihr Unterbewußtsein mit ihrem »Gedankenfilm« zu beeindrucken. Nach zwei Monaten wurde ihrem Bruder eine wunderbare Position angeboten; von der Gesellschaft, für die er tätig war, erhielt er einen Wagen für geschäftliche Zwecke, und außerdem gewann er eine große Geldsumme in der Lotterie. So erlebte dieses Mädchen die Freude, die Erregung und die Befriedigung, von ihrem Bruder tatsächlich das zu hören, was sie sich wochenlang als bereits vorhanden vorgestellt hatte.

Dort wo Mangel und Beschränkung herrschen, kannst du dir Reichtum und Fülle ausmalen; Frieden, wo Mißklang und Gesundheit, wo Krankheit überwiegt. Vorstellungskraft und Überzeugung bringen alles zuwege; sie erschaffen Reichtum, Schönheit, Gerechtigkeit und Glück, Schätze, die soviel bedeuten auf dieser Welt.

Vorstellung von Erfolg in finanziellen Angelegenheiten

Einer meiner Geschäftsfreunde hatte Schwierigkeiten, die Summe von 10 000 Dollar einzutreiben, die ihm einer seiner alten Kunden für gelieferte Ware schuldete. Mein Freund hatte den Mann seit mehr als zwei Jahren immer wieder darum gebeten, doch immer nur Zahlungsversprechungen erhalten, die nie eingelöst wurden. Aus diesem Grunde war er über ihn äußerst verärgert, hatte jedoch aufgrund der langjährigen Geschäftsverbindung Bedenken, diesen Kunden zu verklagen.

Meiner Anregung folgend, wandelte er seine Einstellung diesem Kunden gegenüber ins Gegenteil um. Er begann damit, ihn als ehrlich, aufrichtig, liebevoll und gütig einzuschätzen, und nach einer kurzen Zeit hatte sich meines Freundes Haltung grundlegend gewandelt. Mehrere Male am Tag verharrte er – ruhig und gelassen – in seiner Vorstellung, einen Scheck über 10 000 Dollar in der Hand zu halten, und er malte sich in einer sehr lebendigen Weise aus, wie er diesen Scheck bei seiner Bank einlöste. Dann setzte er sich hin, um seinem Kunden einen Dankesbrief zu schreiben, weil die Schuld nun beglichen sei. Er versiegelte den Brief und hinterlegte ihn in einer Schublade seines Schreibtisches.

Er war sich bewußt, damit seinem Unterbewußtsein eine klare mentale Vorstellung eingeprägt zu haben, um es zu veranlassen, das mentale Bild in die Wirklichkeit zu übertragen. Nach zehn Tagen erhielt mein Freund von dem betreffenden Kunden einen Briefumschlag, der einen Scheck in Höhe der fraglichen Summe enthielt sowie folgende Mitteilung: »In den letzten Tagen kamen Sie mir in den Sinn, und ich fühlte, daß ich endlich meine Schuld in voller Höhe begleichen müßte. Ich bedauere die Verzögerung; in einigen Tagen werde ich Ihnen die Gründe dafür auseinandersetzen.« Dieser Fall beweist, daß ein geändertes Mentalbild mit absoluter Sicherheit alle äußeren Umstände verändert.

Vorstellungskraft schüttet Reichtum aus

Es steht außer Frage, daß es die schöpferische Kraft des Gemüts ist, die alle modernen Einrichtungen und Erfindungen wie Fernsehen, Radio, Radar, gigantische Düsenmaschinen und anderes mehr hervorgebracht hat. Deine Vorstellungskraft ist die Schatzkammer des Unendlichen, aus der du alle die kostbaren Juwelen wie Musik, Malerei, Dichtkunst und Entdeckungen herausholen kannst.

Betrachten wir einmal einen hervorragend begabten Architekten. In seinen Gedanken baut er eine herrliche moderne Stadt des 20. Jahrhunderts — komplett mit Schwimmbädern, Aquarium, Erholungsstätten, Parks usw. Mit der schöpferischen Kraft seines Gemüts vermag er die schönsten Plätze zu erschaffen, die je ein menschliches Auge zu sehen bekam. Und ehe er seine Pläne den Baumeistern weitergibt, sieht er in seiner Vorstellung bereits die Gebäude in ihrer Gesamtheit vollendet. Sein innerer Reichtum bringt äußeren Reichtum für sich und zahllose Mitmenschen hervor.

Du bist der Architekt deiner Zukunft. Du könntest beispielsweise eine Eichel betrachten und — in deiner schöpferischen Imagination — einen prächtigen Eichenwald erstehen lassen, voll von Flüssen, Strömen und Bächen. Du könntest in diesem Wald alle Arten von Leben erstehen lassen. Ebenso könntest du auf eine Wüste schauen und sie innerlich erblühen sehen wie eine Rose. Menschen mit Intuition und Vorstellungskraft begabt, finden Wasser in der Wüste und erbauen Städte, wo früher andere nur Wüste und Wildnis erblickten.

Ein Vermögen in der Wüste

Vor ungefähr zehn Jahren kaufte ich von einem Mann etwas Land in Apple Valley. Von ihm erfuhr ich, daß er mit seiner Frau im Jahre 1930, einer Zeit also, als die Weltwirtschaftskrise ihrem Höhepunkt zustrebte, mit dem Auto nach Nevada fuhr. Während beide dieses Tal – eine riesige Wüste – passierten, sagte er zu seiner Frau: »In naher Zukunft wird hier eine Stadt entstehen. Viele Menschen werden hierherkommen, Schulen und Krankenhäuser bauen und Industrien ansiedeln. Es ist Staatseigentum; ich werde 600 Morgen kaufen.«

Zu dieser Zeit betrug der Preis pro Morgen zwei Dollar. Mit seiner Investition von zwei Dollar pro Morgen machte er ein kleines Vermögen. Jetzt wird dieses Land zu 400 Dollar – möglicherweise noch mehr – pro Morgen verkauft. Viele Tausende von Männern und Frauen hatten dieses Gebiet auf ihrem Weg nach Nevada einst passiert. Sie alle sahen nur eine Wüste – er jedoch ein Vermögen.

In der Bibel heißt es: »*Ich werde die Wüste zum Wasserteich machen und dürres Land zu Wasserquellen*« (Jesaja 41:18).

Wie sie sich die Erfüllung ihrer Wünsche vorstellte

Eine Lehrerin, die sich mein tägliches Radioprogramm anhört, schrieb mir einmal, daß sie in einen Notizblock die Worte *Gesundheit, Wohlstand, Liebe und Selbstausdruck* geschrieben habe. Sie sagte, sie sei unverheiratet und suche nach einer Möglichkeit, an einem College zu unterrichten. Unter *Gesundheit* schrieb sie die Worte: »Ich bin völlig gesund; Gott ist meine Gesundheit.« Unter *Wohlstand* vermerkte sie: »Gottes Reichtum ist jetzt mein, und ich bin wohlhabend.« Unter *Liebe* stand zu lesen: »Ich bin glücklich verheiratet und göttlich beglückt.« Unter *Selbstausdruck* war vermerkt: »Göttliche Intelligenz leitet und führt mich meiner richtigen Tätigkeit zu, die ich auf vollkommene Weise beherrsche und für ein großartiges Entgelt verrichte.«

Jeden Morgen und jeden Abend betrachtete sie das, was sie in ihr Notizbuch geschrieben hatte, und bejahte voller Überzeugung: »Alle diese Wünsche erfahren nun durch mein Unterbewußtsein ihre Erfüllung.« Dann nahm sie sich etwas Zeit, sich in Gedanken das vollendete Ergebnis unter jedem Vermerk auszumalen: Sie stellte sich ihren Arzt vor, wie er zu ihr sagte: »Sie sind jetzt völlig geheilt und völlig in Ordnung.« Sodann hörte sie ihre Mutter, bei der sie wohnte, zu ihr sagen: »Du bist jetzt reich. Wir können umziehen und reisen. Ich bin so glücklich.« Des weiteren sah sie in ihrer Phantasie einen Geistlichen vor sich stehen und hörte ihn die Worte sprechen: »Ich erkläre Sie nun für Mann und Frau.« Dabei fühlte sie die Echtheit und Greifbarkeit eines eingebildeten Trauringes, der ihr an den Finger gesteckt wurde. Bevor sie sich schlafen legte, stellte sie sich im Geiste das letzte Bild vor: ihren Chef, und sie hörte, wie er die bedauernden Worte sprach: »Es tut mir leid, daß Sie uns verlassen, aber ich freue mich darüber, daß Sie die Stelle am College bekommen haben. Meine Glückwünsche!«

Jedes dieser geistigen Bilder hielt sie etwa fünf Minuten lang in einer völlig entspannten und freudigen Weise fest, davon überzeugt, daß diese Bilder sich tief in ihr Unterbewußtsein einprägen und miteinander verbinden werden, dort im verborgenen wachsen und sich zur rechten Zeit sowie auf vollkommene Weise verwirklichen. In all dem sah sie eine höchst faszinierende geistige Übung, und ihre Welt verschmolz sichtlich mehr und mehr in zauberhafter Weise mit den Bildern und der Ähnlichkeit ihrer disziplinierten, kontrollierten und bewußten täglichen Vorstellungen. Innerhalb von drei Monaten hatten sich alle ihre Wünsche erfüllt.

Sie hatte erkannt, daß in uns ein Gestalter, ein Architekt, ein Weber am Werk ist, der den Stoff unseres Geistes, unserer Gedanken, Vorstellungen und Gefühle sowie unseres Glaubens verarbeitet und zu einer Mustervorlage unseres Lebens gestaltet, das Überfluß an Gesundheit, Wohlhabenheit, Liebe und Selbstausdruck beinhaltet. Ihr bevorzugter Bibelvers ist der 121. Psalm, Vers 1: »*Ich hebe meine Augen* (Vorstellungskraft) *auf zu den Bergen, woher mir Hilfe kommt.*«

Wir stellen uns immer etwas vor

Du gebrauchst ständig deine Vorstellungskraft, sei es in aufbauendem oder zerstörendem Sinne. Du denkst in geistigen Bildern. Denkst du an deine Mutter, dann siehst du ihr Bild; denkst du an ein Heim, so siehst du eins vor deinem geistigen Auge. Ein in Armut lebender Mensch sieht immer nur Mangel und Begrenzung aller Art, und seine Vorstellung wirkt dem geistigen Bild gemäß, das in seinen Gedanken festgehalten wird.

Als du heiratetest, hattest du wirklichkeitsnahe, realistische Bilder vor deinem inneren Auge. Mit der Kraft deiner Vorstellung sahst du den Pfarrer bzw. Priester und hörtest ihn die bewußten Worte sprechen, sahst die Blumen und die Kirche und hörtest die Musik. Du stelltest dir den Ring an deinem Finger vor, und in deiner Phantasie machtest du die Hochzeitsreise zu den Niagarafällen oder nach Europa. All das maltest du dir in deiner Vorstellung aus.

Ebenso war es vor deiner Abschlußprüfung. Du sahst in Gedanken eine hübsche Szenerie vor dir, und all deine Vorstellungen von der Abschlußprüfung hatten sich in wirklichkeitsnahe Bilder verwandelt. Du hattest einen Professor oder den Präsidenten des College vor dir gesehen, der dir dein Diplom überreicht; und du sahst alle Studenten festlich gekleidet. Du hörtest deine Mutter, deinen Vater oder deine Freundin, wie sie dir gratulierten. Du fühltest ihre Umarmungen und ihre Küsse. Alles war so lebensecht, dramatisch aufregend und wunderbar.

Unentwegt tauchen Bilder in deinen Gedanken auf – als kämen sie aus dem Nichts, doch du mußt natürlich zugeben: Immer war und ist ein innerer Schöpfer am Werk gewesen, der die Macht und Kraft hatte, alle diese Gedankenformen zu verwirklichen, ihnen Leben und Bewegung sowie Stimme zu verleihen. Diese Bilder sagten dir: »Nur für dich leben wir!«

Wie ein Agent sich Reichtum für andere vorstellte

Ein mit mir befreundeter Agent sieht seine Hauptaufgabe darin, seinen Kunden Vorteile zu verschaffen. Aus diesem Grund wurde er sehr erfolgreich und rückte kürzlich sogar in die Position des geschäftsführenden Vizepräsidenten seiner Gesellschaft auf. Seine Methode ist äußerst einfach: Bevor er sein Büro betritt, setzt er sich still nieder, beruhigt sein Gemüt, entspannt seinen Körper und führt in Gedanken Gespräche mit einer Anzahl seiner Kunden, die – einer nach dem anderen – ihm zu seinem klugen und gesunden Urteilsvermögen gratulieren und ihn ob seiner günstigen Aktienkäufe loben. Diese eingebildete Konversation dramatisiert er regelmäßig und prägt dadurch seinem Unterbewußtsein psychologisch den tiefen Eindruck der Echtheit ein.

In regelmäßigen Abständen während des Tages kehrt dieser Mann in seinen gedanklichen Vorstellungen zu seinen mentalen Bildern zurück, wodurch der Eindruck in seinem Unterbewußtsein verstärkt wird. Er erzählte mir, daß er vielen seiner Klienten zu einem kleinen Vermögen verhalf und daß keiner, der auf seinen Rat hörte, jemals Geld dabei verloren hätte.

Dieser Börsenmakler hat erkannt, daß alles subjektiv Verkörperte auch objektiv zum Ausdruck kommen wird. Es ist das mit Kraft erfüllte Mentalbild, das sich in der Tiefe des Gemüts entwickelt. Laß deinen geistigen »Film« des öfteren ablaufen! Mach es dir zur Gewohnheit, ihn immer wieder auf deinen geistigen Bildschirm zu projizieren. Nach einer Weile wird er zu einem klaren, eindeutigen und gewohnheitsmäßigen Gedankenmuster für dich werden. Der innere Film, den du mit deinem geistigen Auge wahrgenommen hast, wird sich in der Wirklichkeit als Ereignis offenbaren. Im 4. Kapitel des Römerbriefs, Vers 17, lesen wir: »... *der das Nichtseiende ruft, wie wenn es da wäre...*«, und das Ungesehene wird sichtbar.

Die Wissenschaft vom Reichtum

Um die Fähigkeit geistiger Verbildlichung zu erlangen, mußt du zuallererst damit beginnen, deine Phantasie zu zügeln, damit sie nicht ungehemmt mit dir durchgehen kann. Die Wissenschaft legt Wert auf Reinheit. Wenn wir ein reines, chemisches Produkt erhalten wollen, müssen wir alle Spuren anderer Substanzen und fremder Stoffe beseitigen; alle Schlacken müssen entfernt werden.

In der Wissenschaft der geistigen Verbildlichung mußt du all die mentalen Unreinheiten aussondern wie Neid, Begierde, Furcht, Sorgen und Eifersucht. Richte deine volle Aufmerksamkeit exakt auf deine Ziele im Leben. Weigere dich, die Bahn deiner Absichten zu verlassen und vermeide es, aus der Richtung geworfen zu werden, die in ein reiches und glückliches Leben weist. Du mußt in deinem Denken ganz in der Wirklichkeit deiner Wünsche aufgehen, dann wirst du erleben, wie sie in deiner Welt sichtbare Formen annehmen.

Ein Geschäftsmann, dessen Angelegenheiten gedeihen, kommt heim vom Büro und läßt in seinen Gedanken einen »Film« von Fehlschlägen vor sich ablaufen, sieht leere Regale, stellt sich sogar vor, wie er in Konkurs gerät und ein leeres Bankkonto hat. Er bildet sich ein, das Geschäft sei stillgelegt, obwohl es tatsächlich gedeiht. In all diesen negativen Mentalbildern steckt keine Wahrheit; sie sind Lüge von Anfang bis Ende.

Das was der Mensch fürchtet, existiert — vom Standpunkt der Wahrheit aus gesehen — überhaupt nicht, außer in der morbiden Phantasie des Menschen. Die Fehlschläge werden nie eintreten, es sei denn, dieser Mensch hielte jenes krankhafte Bild aufrecht, erfüllt mit der Emotion der Furcht. Natürlich, wenn er sich immer wieder dieser mentalen Vorstellung hingibt, werden sich Fehlschläge einstellen! Er hat die Wahl zwischen Fehlschlag und Erfolg.

Setze nur solche Mentalbilder auf den Thron deines

Bewußtseins, die dich heilen, segnen, gedeihen lassen, inspirieren und stärken. Es ist absolut wahr, daß du zu dem wirst, was du dir vorstellst. Deine unbeirrbare geistige Verbildlichung hat die Kraft, deine Welt zu erneuern. Vertraue den Gesetzen deines Geistes, stets nur dein Gutes hervorzubringen, und du wirst alle Segnungen erfahren und Reichtum erlangen.

Zusammenfassung

1. »Imagination regiert die Welt.« (Napoleon)
2. Die schöpferische Imagination ist eine der wesentlichsten Fähigkeiten deines Bewußtseins und hat die Kraft, all deinen Ideen Form zu verleihen und sie als Wirklichkeit in Erscheinung treten zu lassen.
3. Wenn du Geschäftsmann bist, kannst du dir ein größeres Unternehmen vorstellen, neue Büros, neue Gebäude und zusätzliche Lagerhäuser; die geheimnisvolle Kraft deines Geistes kann diese Bilder in deinen objektiven Erfahrungsbereich bringen.
4. Du kannst dafür sorgen, daß andere reich werden, indem du diese so siehst, wie sie sein sollten: Strahlend vor Glück und Freude, wohlhabend und erfolgreich. Wenn du bei diesem Mentalbild verharrst, wird es in Erscheinung treten und anderen Segen bringen.
5. Solltest du Schwierigkeiten haben, zu deinem Geld zu kommen, das dir andere schulden, so stelle dir vor, wie du einen Scheck über die betreffende Summe in deinen Händen hältst; fühle seine Wirklichkeit, und danke für den Wohlstand und den Erfolg jener Person, die dir das Geld schuldet. Du wirst auf wunderbare Weise zu deinem Geld kommen.

6. All unsere neuen Entdeckungen und Erfindungen – wie Radio, Fernsehen, Radar und Düsengiganten – entstammen dem Einfallsreichtum des Menschen. Vorstellungskraft leuchtet in die Tiefen unseres Gemüts, und was dort im Verborgenen existiert, wird hervorgeholt und auf den Bildschirm des Lebens gebracht.

7. Was siehst du, wenn du eine Wüste betrachtest? Manche Leute sehen riesigen Reichtum, und sie beweisen, daß man sich auch an ihr erfreuen und daß sie »aufblühen kann gleich einer Rose«. Imagination wird auch »die Werkstatt Gottes« genannt.

8. Du kannst dir die Erfüllung eines jeden Wunsches ausmalen. Lasse in Gedanken immer wieder einen Film vor dir ablaufen, dessen Handlung gleich einem Schauspiel das erwünschte Ende veranschaulicht. Durch die Macht deines Unterbewußtseins wird es zum tatsächlichen Ereignis werden.

9. Von allem machen wir uns irgendwelche Vorstellungen – im positiven wie im negativen Sinne. Stelle dir stets nur das vor, was liebenswert und gut für dich wie auch für andere ist. Frage dich selbst: »Möchte *ich* das Leben führen, das ich mir für andere vorstelle und ihnen damit zubillige?« Deine Antwort darauf sollte ein »Ja« sein. Denke immer daran: Alles, was du anderen wünschst, wünschst du auch für dich selbst!

10. Stelle dir deine Mitmenschen glücklich, fröhlich und im Überfluß reich vor; erfreue dich an ihrem Wohlergehen und ihrem Erfolg, und du bist auf dem richtigen Weg, Reichtum für dich selbst zu erwerben.

11. In der Wissenschaft der schöpferischen Imagination (der geistigen Verbildlichung) mußt du alle Unreinheiten aus deinem Denken aussondern – wie Begierde, Eifersucht, Neid, Furcht, Zweifel und Zorn. Richte deine

Aufmerksamkeit nur auf deine Ziele und betrachte diese als bereits in göttlicher Ordnung erreicht

12. Der Mensch ist das, was er sich einbildet zu sein. Verbildliche dir das, was herrlich, edel und göttlich ist. Fühle dich reich, und du wirst allen Reichtum des Himmels zu dir heranziehen.

»Es ist aber der Glaube eine Zuversicht auf das, was man hofft, eine Überzeugung von Dingen, die man nicht sieht« (Hebräer 11:1).

12. Kapitel

Mache dich auf und werde reich

In der Bibel steht: »*Und ich, wenn ich von der Erde erhöht bin, werde ich alle zu mir ziehen*« (Johannes 12:32).

Diese Aussage ist – wie so viele in der Bibel – rein psychologisch und spirituell zu verstehen. Geschrieben in idiomatischen Redewendungen der orientalischen Sprache verrät sie uns, wie wir uns über Armut, Krankheit, Mangel und Beschränkung aller Art zu erheben vermögen.

Um dich emporzuschwingen, mußt du auch deine Wünsche in den »Punkt der Akzeptanz« erheben; du mußt an ihre Verwirklichung glauben. Dann wird die Erfüllung mit mathematischer Sicherheit folgen. Die physischen Sinne melden Wahrnehmungen, die bestenfalls entmutigend sind. Wer sich über solche Zustände erheben will, wendet sich von innen heraus der göttlichen Gegenwart und Macht zu und hält an ihr fest. Diese Unendliche göttliche Kraft ist immer gegenwärtig und verhält sich dir gegenüber responsiv, d. h. widerspiegelnd; und wenn du diese Kraft anrufst, wirst du mit Sicherheit eine Antwort erhalten. Du kannst Mut, Glauben, Stärke, Kraft und Weisheit empfangen, sie alle werden deine herkömmlichen physischen Sinne bei weitem übertreffen. Dann bist du erhöht; der alte Zustand stirbt und der neue ist zum Leben erweckt.

In einem bedrückten Zustand kannst du dein Gutes nicht verwirklichen. Halte daher deine Vision aufrecht und erblicke sie bereits als Realität, dann wirst du dich über alle Hindernisse und Schwierigkeiten erheben. Bejahe Gottes Gegenwart in dir, und all die angstvollen Schatten, die dein Gemüt verdunkeln, werden weichen.

In der Regel erhebst du dich nicht durch Zufall aus dem Elend und der Dunkelheit zu Wohlstand, Ehre und Ruhm oder indem du jemanden am Strand vor dem Ertrinken rettest oder einen Millionär triffst, dem du sympathisch bist. Denke an die einfache Wahrheit: Du demonstrierst (verwirklichst) immer deinen Charakter; und Charakter ist Schicksal.

Aufstieg in ungeahnte Höhen

Werde dir deiner Energie bewußt, deiner Talente und Fähigkeiten, entwickle großen Eifer und Begeisterung, um mehr über deine inneren Kräfte zu erfahren, und du kannst dich zu erstaunlichen Höhen aufschwingen. Ein tatkräftiger, zuverlässiger und zielbewußter Mensch, der sich dahinterklemmt, das Richtige tut und die Goldene Regel praktiziert, wird aus seinem Leben etwas machen, ob er nun einen Fremden trifft, der ihm hilft oder nicht, ob er den richtigen Abgeordneten kennt oder Glück beim Pferderennen hat.

Dein Charakter und deine geistige Einstellung werden aus dir etwas machen oder – dich zum Versager werden lassen. Das gilt für dich ebenso wie für dein Land, dein Geschäft, deine Konfession und jede andere Institution.

Wenn du den Wunsch hast, dich über deine Verhältnisse zu erheben und aus der Masse herauszuragen, dann bejahe, daß Gott dir das gibt, was du brauchst, und du wirst es bekommen. In deinem Unterbewußtsein kannst du jede Form deines Wunsches erstehen lassen, wenn du jeden Tag über diese Form meditierst.

Die Freude des Überwindens

Du lebst auf dieser Erde, um zu wachsen, um dich zu entfalten und die Göttlichkeit in dir zu entdecken. Du sollst dich mit Problemen auseinandersetzen, mit Schwierigkeiten und Herausforderungen, um mit ihnen fertig zu werden. Die Freude liegt im Überwinden! Läge das Kreuzworträtsel schon fertig ausgefüllt vor dir, wäre dies eine fade und langweilige Welt! Der Ingenieur freut sich, wenn schließlich alle Hindernisse und Schwierigkeiten beim Bau einer Brücke überwunden sind. Dein Aufenthalt auf dieser Erde hat den Zweck, deine mentalen und spirituellen Werkzeuge zu schärfen, um dadurch an Weisheit, Stärke und Verständnis zu wachsen und reicher zu werden, sonst würdest du niemals die Göttlichkeit in dir entdecken.

Lehre deine Kinder, sich nicht allzulange in allen Dingen auf dich zu verlassen! Sind sie alt genug geworden, dann zeige ihnen, wie man den Rasen mäht, wie man Zeitungen verkauft und gelegentliche Arbeiten, für die man bezahlt wird, ordentlich erledigt. Mach ihnen klar, daß Arbeit adelt und daß sie das Geld für das Rasenmähen beim Nachbarn oder das Verkaufen von Zeitungen für eine ordentlich verrichtete Arbeit erhalten. Dann werden sie stolz auf ihren Beitrag sein, den sie im Dienst an ihrem Nächsten geleistet haben. Es wird sie lehren, sich selbst zu vertrauen und an sich zu glauben. Bringe ihnen ferner bei, in anderen das Gute zu sehen und anzusprechen. Dann werden sie immer positive, selbständige Menschen und keine abhängigen Winsler und Klager sein. Das Geld, das sie verdienen, werden sie achten und sparen; jenes Geld jedoch, das sie mühelos erhalten, werden sie in die Musikbox stecken oder im Spielsalon verplempern.

Wie man andere fördert

Dein Geben an andere muß klug sein und mit Vorbedacht erfolgen. Nimm niemals einem Menschen die Möglichkeit, aus sich selbst heraus zu wachsen und voranzukommen. Wer als junger Mann allzuleicht und allzuoft Geld und Hilfe erhält, findet so etwas schließlich angenehmer, als sich aus eigenem Antrieb heraus behaupten zu müssen. Dauernde Hilfe wäre seiner Männlichkeit abträglich. Hör deshalb damit auf, ihn zu verwöhnen; denn du zerstörst damit seine vielen Charakteristiken. Gib ihm die Möglichkeit, seine Angelegenheiten selbst zu bewältigen und dadurch seine inneren Kräfte zu entdecken; sonst bleibt er unselbständig und wird immer auf der Suche nach Almosen sein.
Ich sagte einer Frau, sie solle es sein lassen, für einen ihrer Verwandten, der von der Ostküste gekommen war, den Kühlschrank zu füllen. Und was sagte sie darauf? »Armer Tom, er ist hier ein Fremder; es ist schwer für

ihn, Arbeit zu finden«, usw. Sie zahlte seine Miete, kaufte ihm Lebensmittel und gab ihm noch Taschengeld, bis er eine Arbeit gefunden hätte. Er fand nie Arbeit; vielmehr wurde er ein typischer Parasit, und er nahm es ihr sogar übel, daß er nicht noch mehr von ihr bekam! Beim Weihnachtsessen, zu dem sie ihn eingeladen hatte, stahl er ihr dann das meiste von ihrem Tafelsilber. Sie fragte mich: »Wie konnte er das nur tun, nach all dem, was ich für ihn getan habe!?«

Sie hatte ihn immer nur durch die Brille des Mangels und der Begrenzung gesehen, statt ihn innerlich aufzurichten in der Erkenntnis, daß er eins mit dem Unendlichen ist und unter göttlicher Führung seinen wahren Platz im Leben zu finden vermag. Statt ihn im Geiste mit dem Reichtum des Himmels ausgestattet zu sehen, hatte sie ihn – bildlich gesprochen – in Lumpen gekleidet. Ihr Unterbewußtes nahm diese Vorstellung auf und – reagierte entsprechend.

Selbstverständlich solltest du jederzeit bereit sein, einem Menschen zu helfen, der wirklich Hunger leidet oder sich sonstwie in Not und Gefahr befindet. Ein solches Handeln ist richtig, gut und wahr. Sei jedoch auf der Hut, damit du nicht von Parasiten ausgenutzt wirst! Deine Hilfe sollte stets auf göttlicher Führung gegründet und von dem Grundsatz geleitet sein, »Hilfe zur Selbsthilfe« zu gewähren. Lehre andere, wo der Reichtum des Lebens zu finden ist, wie man Selbstvertrauen gewinnt und auf welche Weise man sein Bestes zum Wohl der Menschheit beitragen kann. Dann werden sie niemals um einen Teller Suppe anstehen, ein getragenes Kleidungsstück annehmen oder ein Almosen erbetteln.

»... doch das eine sollte man tun und das andere nicht lassen« (Matthäus 23:23). Wir alle sind bereit, eine helfende Hand zu reichen, doch es ist nicht gut, Fehler, Vernachlässigungen, Faulheit, Teilnahmslosigkeit und Gleichgültigkeit anderer noch zu unterstützen.

Charakter ist Schicksal

Wir alle sind hier, um uns ins Zeug zu legen. Wer z. B. ein Lendentuch trägt, hat es von jemandem gemacht bekommen. Und was tust du für andere? Arbeitest du und setzt du deine Talente und Fähigkeiten ein? Es gibt viele Bettler, die kräftig genug sind, um arbeiten zu können, aber aus ihrem Betteln einen Beruf machen. Solange sie aber von dir Unterstützung erhalten, werden sie niemals arbeiten, sondern zu Parasiten und Ausbeutern werden. Einige von ihnen sind sehr wohlhabend und besitzen moderne Villen und Autos, sei es in London, New York oder anderswo!

Im Innern eines jeden Menschen befindet sich ein riesiger Reichtum, ein Schatz noch unentdeckter Gaben und Kräfte. Jeder Mensch trägt Verantwortung, und jungen Menschen muß ihre Verantwortlichkeit der Gesellschaft gegenüber schon frühzeitig bewußt gemacht werden. Wir alle sind ein Teil der Menschheit auf der Wegstrecke unseres Lebens und müssen unseren Anteil geben, ganz gleich wo wir stehen. Das Leben belohnt den Glauben, den Mut, die Ausdauer, das Durchhaltevermögen und die Beharrlichkeit, indem es uns immer mehr von diesen Gaben zukommen läßt. Im Überwinden der Hindernisse entwickelt sich dein Charakter, und Charakter ist Schicksal.

Dein innerer Helfer

Halte dich an Gott und nicht an andere Leute oder die Regierung. Die kann dir nämlich nur geben, was sie dir vorher genommen hat. Und keine Regierung kann Gesetze erlassen, die Frieden, Harmonie, Freude, Fülle, Sicherheit, Weisheit, Nächstenliebe, Gleichheit, Wohlstand oder guten Willen für alle garantieren. All das kann nur aus der geistigen Welt in dir erstehen.

Der Unselbständige, der sich treiben läßt, der sich auf den Lorbeeren seiner Vorfahren und des ihm vererbten Namens ausruht oder durch gutes Aussehen beeindruckt, entlarvt sich selbst in dem Augenblick, wo andere sich seiner inneren Leere bewußt werden. Ihm fehlt es an innerem Halt und an Rückgrat.

Wie er zu märchenhaften Höhen aufstieg

Ein Geschäftsmann in Los Angeles erzählte mir einmal, daß er beim Börsenkrach von 1929 alles verlor. Vom gleichen Schicksal wurde auch sein Bruder ereilt. Beide hatten über eine Million Dollar verloren. Sein Bruder beging Selbstmord; er war der Meinung, es gäbe für ihn nichts mehr, für das zu leben sich noch lohnen würde, da er ja alles verloren habe.

Er jedoch sagte zu sich: »Ich habe Geld verloren. Was macht das schon? Ich bin gesund, habe eine entzückende Frau, habe Talente und Fähigkeiten. Ich versuche es noch einmal. Gott wird mich führen und mir eine neue Tür auftun. Ich werde Millionen machen.« Er krempelte seine Ärmel hoch und verschaffte sich Gelegenheitsarbeiten als Gärtner – hier etwas und dort etwas. Er sparte etwas Geld, legte es in Wertpapieren an und sah die Kurse in riesige Höhen steigen. Er erteilte auch anderen Rat, die ihrerseits dadurch zu Vermögen gelangten.

Er hatte sich aufgerafft, sich selbst erhöht in dem Bewußtsein seiner Gotteskraft, die ihm einen Ausweg zeigen, d. h. eine Antwort geben würde. Er hatte die in seinem Innern vorhandenen geistigen Reserven mobilisiert, und dadurch wurden ihm Stärke, Mut, Weisheit und Führung zuteil.

Gottes Reichtum gehört dir

In der Bibel steht: *»Naht euch Gott, und er wird sich euch nahen«* (Jakobus 4:8). Das bedeutet, daß die unendliche Intelligenz auf deinen Anruf reagieren und antworten wird. *»Ich und der Vater sind eins«* (Johannes 10:30). Du und Gott, ihr seid eins!

Klammere dich nicht an irgendwelchen Landbesitz oder irgendwelche Aktien, an eine Regierung, an Verwandte oder an sonst irgend jemanden. Vertraue der Gotteskraft in dir, die dich erhält und alle Zeit über dich wacht. Blicke also nicht auf Äußerlichkeiten! Blicke nach innen! Wenn du Hilfe von außen erwartest, leugnest du den Reichtum Gottes in deinem Innern. Auf diese Weise beraubst du dich selbst deiner Kraft, Weisheit und Intelligenz.

Glaube an dich als ein erhabenes spirituelles Wesen und erkenne deine Göttlichkeit an! Denke über die Wahrheit nach, daß du hier bist, um die in deinem Innern gefangene Göttlichkeit freizusetzen.

Du mußt immer höher streben in der Erkenntnis, daß die

göttliche Kraft in dir dich aufrichten, heilen und inspirieren wird, dir neue Türen öffnet, neue schöpferische Ideen eingibt und dir ein Gefühl tiefen, bleibenden Vertrauens in all das vermitteln wird, was unverändert bleibt – gestern, heute und für alle Zeit. Alles, was du dabei zu tun hast, ist, dieser göttlichen Gegenwart zu vertrauen und an sie zu glauben; dann werden sich Wunder in deinem Leben ereignen.

Wer entschlossen ist, sich über seine Lebensumstände zu erheben, tritt einem Problem mit Mut und Zuversicht entgegen, im Bewußtsein, daß dieses Problem – obwohl vorhanden – im göttlichen Sinne bereits gelöst ist. Und er gewinnt! Er packt alle Schwierigkeiten, alle geschäftlichen, technischen und sonstigen Probleme mit Glauben, Mut und Vertrauen an und geht als Sieger über Krankheit, Furcht und Unwissenheit hervor. Solange aber der Mensch die »Elendsviertel« in seinem Bewußtsein aufrechterhält, solange werden auch die Elendsviertel in der materiellen Welt bestehen.

Nach einem alten Sprichwort wird ein schwaches Küken von den kräftigen zu Tode gepickt. Ein Junge, der sich in der Schule schwach und unterlegen fühlt und von anderen, die sich kräftiger dünken, ständig getriezt wird, ist ebenso schwach in sich selbst. Wenn er sich den Grobianen jedoch stellt, es mit ihnen aufnimmt und ihnen die Stirn bietet, ziehen sich diese für gewöhnlich zurück.

Du kannst dich über alle Zustände erheben

Begreife und fühle deine Würde und Erhabenheit als Kind Gottes, dann bist du immun gegen Beleidigungen,

Kritiken und Verleumdungen durch andere; denn du bist von Gott berauscht. Erhöhe diese göttliche Gegenwart in dir, preise und liebe sie, und alle Menschen – selbst deine sogenannten »Feinde« – werden einem inneren Drang zufolge dir Gutes tun.

Weigere dich, Leiden anzuerkennen, und finde dich niemals mit irgendwelchen Situationen ab. Du bist ein transzendentales Wesen und kannst dich über alle Lebensbedingungen und Umstände erheben.

Als Abraham Lincoln davon erfuhr, daß ein Mitglied seines Kabinetts – der Kriegsminister – ihn verleumdet und einen ungebildeten Pavian gescholten hatte, antwortete er: »Er ist der bedeutendste und größte Kriegsminister, den dieses Land jemals besaß.« Niemand konnte Lincoln verletzen oder sein Ich treffen. Er kannte seine Stärke und wußte auch, daß niemand ihn in den Schmutz ziehen könnte, wenn er sich nicht selbst erniedrigte. Lincoln hatte sich über seine Verhältnisse erhoben, was besagen will, daß er nicht nur sich selbst erhöhte, sondern auch das göttliche Selbst in sich anerkannte, und dadurch erwarb er sich die Kraft, ein ganzes Land mit emporzuheben.

Sei nett zu dir selbst

Manche sogenannte Menschheitsbeglücker setzen alles in Bewegung, um für Sittlichkeitsverbrecher, die sich an Kinder heranmachten, und andere Abnormale Bewährung und Strafaufschub herauszuschinden, nur damit diese, kaum wieder in Freiheit, in der nächsten Minute erneut straffällig werden, vergewaltigen und sogar töten. Unsere Zeitungen sind voll von solchen Meldungen.

Ehe du anderen auf die Beine hilfst, mußt du selbst zuerst an Weisheit und Verständnis höherstehen; denn du kannst nur *das* geben, was du besitzt. Jene Weltverbesserer und Menschheitsbeglücker projizieren – törichterweise – meist ihre eigenen Unzulänglichkeiten auf andere. Aber wer selbst blind ist, kann keinen Blinden führen.

Nur du selbst mußt dich ändern, sonst niemand! Du mußt zu dir selbst finden; denn dein wirkliches Selbst ist Gott! Erhebe, ehre und achte die göttliche Gegenwart in dir, dann liebst und ehrst du auch deinen Nächsten. Dein Nächster ist, wie das Wort schon sagt, dir am nächsten, und Gott ist dein Nächster. Wenn du also Gott liebst, bist du allen Menschen gegenüber guten Willens.

»Sprich zu ihm, du, denn er hört dich,
und Geist kann mit dem Geist sich treffen.
Näher als dein Atem ist er dir
und näher als Hände und Füße.«
       Tennyson: »Der höhere Pantheismus« (6. Str.)

Betrachte dein wirkliches Selbst, wie es in seiner ursprünglichen Herrlichkeit, in der Tiefe deiner Seele erstrahlt. Lasse dein wahres Licht leuchten und dich von seiner Liebe durchströmen, dann werden all deine Schwächen, Unzulänglichkeiten und Mängel getilgt sein. Wer sich erhöht, hat Gott in sich gefunden; er fühlt sich stark und sicher in seiner Gegenwart.

Er weiß auch, daß er auf dieser Welt ist, um sich siegreich über alle Widerwärtigkeiten zu erheben. Und da er sich eins weiß mit Gott – dem Unendlichen –, der immer erfolgreich ist, ist er weder furchtsam noch frustriert oder enttäuscht, sondern der strahlende Sieger.

Erwirb dir eine neue Selbsteinschätzung

Wer höher strebt, bejaht: »Gott gab mir diesen Wunsch ein, und die göttliche Weisheit wird mir den vollkommenen Plan für seine Verwirklichung offenbaren.« Diese Einstellung wird Frustrationen jeglicher Art auflösen.

Wir alle sind voneinander abhängig. Vielleicht brauchst du einen Arzt, einen Anwalt, einen Psychologen oder einen Zimmermann – und diese mögen dich nötig haben; das heißt, alle brauchen wir uns gegenseitig. Und niemals sollten wir vergessen, in jedem Menschen das Göttliche zu erkennen und ihn als *das* zu sehen, was er in Wirklichkeit ist: ein Sohn Gottes, strahlend im Glanz der Freude, voller Erfolg und unabhängig.

Strebe aufwärts! Preise das Göttliche in jedem Menschen; kleide es in Würde und Vortrefflichkeit, und schmücke es aus mit dem Sonnenschein seiner Liebe! Wenn du erst einmal die Göttlichkeit in dir bejahst, wirst du sie auch in anderen anerkennen. Wenn du mit offenen Augen durchs Leben gehst, wirst du finden, daß Bäume reden, Steine predigen und plätschernde Bäche ihr Lied erklingen lassen; in allem und in jedermann wirst du schließlich Gott erkennen.

Wer nach höheren Erkenntnissen strebt, kennt die Wahrheit jenes alten Sprichworts: »Was du siehst, das wirst du: Gott – wenn Gott du siehst, und Staub – wenn du Staub siehst.«

Wie Moses die Schlange in der Wildnis erhöhte, so muß auch der Sohn des Menschen erhoben werden. Das Wort »Sohn« in der Bibel bedeutet Ausdruck und das Wort »Mensch« Geist. Darunter ist zu verstehen, daß du dich – wie Moses – über deine Verhältnisse erheben mußt. Bist du niedergeschlagen, bedrückt oder furchtsam, dann erhöhe deine Vorstellung von dem Geist in dir, der Gott ist. Dein Geist ist ein Teil des Unendlichen Geistes; du hast einen Geist in dir, der auf der menschlichen Ebene als Gefühl bzw. Gemütsbewegung in Erscheinung tritt. Mit anderen Worten: Das Unsichtbare in dir ist – Gott!

Höre auf zu kriechen, dich zu ducken und dort aufzuhalten, wo du in die Wirbel des Lebens hineingerätst. Entschuldige dich nicht mehr dafür, daß du am Leben bist. Sieh dich in einem anderen Licht! Eine Schlange kriecht auf dem Bauch und verbirgt sich vor dem Licht in Höhlen oder hinter Felsen. Wenn du dich für unzulänglich hältst, für schwach oder für einen Wurm im Staube, so vegetierst du dahin im Glauben, ein Opfer der Vererbung, des Milieus oder deiner Lebensumstände zu sein. Von den Sanitätsoffizieren der Armee wird als Symbol das Zeichen zweier aufrecht stehender Schlangen getragen und damit zum Ausdruck gebracht, daß die Schlange die Unendliche Heilkraft Gottes versinnbildlicht. Das soll dich daran erinnern, die heilende Kraft in dir selbst zu erheben und zu preisen. Das Vater-Mutter-Prinzip im Göttlichen kommt in dir durch dein Bewußtsein und Unterbewußtsein zum Ausdruck. Was immer du als dein Recht forderst und für angemessen hältst, wird dein Unterbewußtes in gleicher Weise beantworten; du kannst dich also über alle Begrenzungen, Hindernisse und Widerstände hinwegsetzen.

»... jetzt sind wir Kinder Gottes, und es ist noch nicht offenbar geworden, was wir sein werden« (1. Johannesbrief 3:2).

Die Freude über das beantwortete Gebet

Im Buch Numeri heißt es: *»Da machte Moses eine eherne Schlange und richtete sie hoch auf. Und wenn jemanden eine Schlange biß, so sah er die eherne Schlange und blieb leben«* (4. Mose 21:9). Kein intelligenter Mensch nimmt eine solche Geschichte wörtlich. Die Bibel verwendet immer Gleichnisse, um psychologische und spirituelle Wahrheiten verständlich zu machen. Bildlich gesprochen wirst du von der Schlange gebissen, wenn du von Haß, Neid, Eifersucht, Feindseligkeit, Groll oder Rachegedanken erfüllt bist. Viele wurden »gebissen« durch den Haß und ihre Feindschaft den Erfolgreichen gegenüber, die es im Leben zu etwas brachten. Millionen sind »gebissen« ob ihrer Furcht, Unwissenheit und ihres Aberglaubens.

Im psychologischen Sinne gesprochen bedeutet *Moses* das Bewußtwerden der Kraft Gottes und deine Fähigkeit, diese Kraft in den Tiefen deines Selbst zu erkennen und daraus hervorzuholen. Messing (in englischsprachigen Bibelversionen ist von einer Schlange aus Messing die Rede, Anm. d. Übers.) ist die Legierung zweier Metalle, was symbolisch auf die Einheit bzw. Übereinstimmung zwischen Bewußtsein und Unterbewußtsein im Festhalten dessen hinweist, was du bejahst. Stimmen Bewußtsein und Unterbewußtsein miteinander überein, dann ist dein Gebet beantwortet.

Du wirst von allen Gebrechen geheilt, wenn du deinen Blick fest auf die Unendliche Heilkraft Gottes in dir richtest und das forderst, was deinem wirklichen Sein entspricht und dem Wesen aller Menschen. Dann wirst du die geistigen Wirkungskräfte befreien und dich aus einer kriechenden, schleichenden und alles erduldenden Haltung aus dem »Staub« emporschwingen zu der erhebenden Stimmung von Glauben und Vertrauen in die Freude des Herrn, der deine Stärke ist.

Von jetzt an sei ein Emporstrebender! Der Geist in dir ist Gott. Er ist unangreifbar, unbesiegbar, ewig, allmächtig und allwissend. Vereint mit dieser Gegenwart und Kraft in deinem Innern spüre den Widerhall, und die Wüste deiner Einsamkeit, Angst, Krankheit, Armut und Unterlegenheit wird sich verwandeln und aufblühen wie die Rose. *»Ich habe euch auf Adlersflügeln getragen und zu mir gebracht«* (2. Mose 19:4). Es bringt dir auch finanzielle Segnungen und damit ein erfüllteres Leben.

Zusammenfassung

1. Um dich emporschwingen zu können, mußt du deine Wünsche erhöhen und deren Erfüllung erwarten, dann wird auch die Verwirklichung folgen. Halte deine Vision fest und erwarte ihre Realisierung.

2. Dein Charakter bzw. deine mentale Einstellung kann dich fördern oder zum Versager werden lassen.

3. Die Menschen auf dieser Erde teilen sich in zwei Gruppen: in jene, die sich aufraffen, und in solche, die resignieren.

4. Erhebe deinen Mitmenschen durch die Erkenntnis, daß er eins ist mit dem Unendlichen Reichtum des Himmels und über seine kühnsten Träume hinaus zu gedeihen vermag.

5. Dein Charakter ist dein Schicksal. Das Leben belohnt Mut, Glauben, Ausdauer und Beharrlichkeit. Im Überwinden von Schwierigkeiten entwickelt sich dein Charakter.

6. Gottes Reichtum ist auch dein Reichtum. Gott – die Unendliche Intelligenz – reagiert auf jeden Anruf sofort mit der richtigen Antwort.

7. Du kannst dich über alle Bedingungen erheben, wenn du dich mit der göttlichen Gegenwart in dir verbindest und dir ihrer stets bewußt bleibst.

8. Finde zu dir selbst; denn dein wirkliches Selbst ist Gott! Preise ihn, achte und verehre diese Göttlichkeit, die allwissend und allmächtig ist – die einzige Kraft, die es gibt.

9. Erhöhe und preise den Gott in jedermann. Preise die Göttlichkeit in dir selbst, und du wirst sie auch in anderen preisen.

10. Richte deinen Blick nach oben und erblicke die unbegrenzte Heilkraft in dir, und wenn du die Wirkung verspürst, erlebst du die Freude des beantworteten Gebets. Das schließt auch finanziellen Segen mit ein.

13. Kapitel

Ein dankbares Herz zieht Reichtum an

*L*aßt uns mit Danken vor sein Angesicht (seine Gegen-wart) *kommen...«* (Psalm 95:2).

Der ganze Prozeß mentalen, spirituellen und materiellen Reichtums läßt sich in einem Wort zusammenfassen: Dankbarkeit! Ein dankbares Gefühl für irgend etwas Gutes, das du erhalten hast, ist in sich selbst ein Gebet, das von Herzen kommt und dir Segen bringt. Der Mensch mit einem dankbaren Herzen ist ein glücklicher und wohlhabender Mensch. Shakespeare sagte: »O Herr, der du mir das Leben leihest, leihe mir auch ein Herz voller Dankbarkeit.«

Henry David Thoreau, einer der weisesten Philosophen Amerikas, schrieb: »Wir sollten Dank dafür sagen, daß wir geboren wurden.« Was wäre wohl, wenn du nicht geboren wärst? Überdenke das mal einen Augenblick. Dann würdest du niemals einen prächtigen Sonnenaufgang oder einen herrlichen Sonnenuntergang erleben; niemals hättest du die entzückenden Augen deines Kindes gesehen oder die treuen Augen deines Hundes. Du würdest niemals die Schönheiten der Natur oder des Sternenhimmels wahrnehmen können, das tägliche Brot der Seele.

Die Pracht der schneebedeckten Berge, die an sonnen-
beschienenen Tagen wie Diamanten funkeln, könntest
du ebensowenig empfinden wie die herzliche Umar-
mung deiner Lieben, und du hättest niemals den Reichtum gesehen, der um dich herum überall vorhanden ist;
niemals würdest du den süßen Duft der Blumen wahrgenommen oder den würzigen Geruch frisch gemähten
Grases in deine Lungen eingeatmet haben.

Sei dankbar für die Schönheit eines jeden Morgens! Sei
dankbar für deine Augen, die dir Gottes Schönheit offenbaren, für deine Ohren, die dich die Musik der Sphären
und den Gesang der Vögel vernehmen lassen, für deine
Hände, mit denen du Gottes Melodie spielen kannst,
sowie für deine Stimme, mit der du Worte des Trostes,
des Mutes und der Liebe spenden kannst.

Sei dankbar für dein Heim, für deine Lieben, deine
Angehörigen, deine Arbeit und deine Berufskollegen.
Sag und denke häufig: »Ich segne jedes Mitglied meiner
Familie und schließe es in mein Gebet ein; ich danke,
preise und verherrliche Gott in meinem Mann, meiner
Frau und meinen Kindern. Ich segne all ihr Tun, alles,
was ich schenke, und ich weiß, daß es seliger ist, zu
geben als zu nehmen. Ich segne mein Geschäft, meine
Mitarbeiter, meine Kunden und alle Menschen. Meine
Tätigkeit bringt reichen Erfolg, sie gedeiht und spendet
allen Segen, der schließlich wieder zu mir in reicher
Fülle und tausendfach zurückkehrt.«

Das Gesetz der Dankbarkeit

Als erstes mußt du von ganzem Herzen davon überzeugt
sein, daß eine Unendliche Kraft und Intelligenz existiert,

in der alle Dinge ihren Ursprung haben und aus der alle Dinge strömen. Zweitens mußt du glauben, daß von dieser unerschöpflichen Quelle eine Wirkung ausgeht, die stets der Art und Weise deiner Gedanken entspricht; und drittens mußt du wissen, daß du durch ein tiefes Gefühl innerer Dankbarkeit mit dieser Unendlichen Intelligenz in Verbindung kommen kannst.

Es gibt ein Gesetz der Dankbarkeit, und diesem Gesetz mußt du dich anpassen, wenn du Resultate erzielen willst. Dieses Gesetz stellt sich uns in der Bibel mit folgenden Worten dar: »Nähert euch Gott, und er wird sich euch nähern« (Jakobus 4:8). Dies entspricht dem Naturgesetz von Aktion und Reaktion, das allumfassend und universell wirkt – es ist ein kosmisches und universelles Gesetz. Es bedeutet ganz einfach: Was immer du deinem Unterbewußtsein aufprägst, wird sichtbar zum Ausdruck kommen. Die dankbare Haltung in deinem Gemüt, erhöht durch Dank und Lobpreisung des Guten, das du mit anderen teilst, wird in der Tiefe deines Gemüts zur Überzeugung und schließlich deiner Forderung gemäß auf dich zukommen.

Wie Dankbarkeit Reichtum anzieht

Ein Chiropraktiker erzählte mir einmal, wie arm er als Junge gewesen sei. Er habe als Hausmeister gearbeitet, um sich dadurch das Geld für sein Studium zu verdienen. Nachdem er seine Praxis eröffnet hatte, verging eine ganze Woche, ohne daß auch nur ein einziger Patient zu ihm gekommen wäre. Darüber war er sehr verbittert. Erst in der zweiten Woche besuchte ihn die erste Patientin und sagte: »Wir sind so dankbar dafür, daß Sie hier Ihre Praxis eröffnet haben; denn wir brauchten Sie in unserer Nachbarschaft. Mehrere von uns beteten darum, Sie mögen hier glücklich und gesegnet sein.« Dann fügte sie noch hinzu: »Ich bin immer so dankbar für alles, und ich weiß, daß viele in Elend und Armut leben, weil sie so wenig dankbar sind.«

Das war der Wendepunkt in seinem Leben; denn ihre Worte sanken tief in sein Herz. Sogleich dankte er für die heilende Kraft, die jetzt von ihm auf diese Frau überging, und er dankte für das Honorar, das er von ihr bekam. Je dankbarer er sich auf die Quelle aller Heilung sowie auf die guten Dinge, die er besaß, konzentrierte, um so mehr erhielt er. Seine dankbare Einstellung brachte sein ganzes Denken in engere Harmonie mit den schöpferischen Kräften des Universums, und in Scharen strömten die Patienten zu ihm. Er wurde reich an Wissen, hatte wunderbare Heilerfolge zu verzeichnen, und seine Praxis entwickelte sich äußerst erfolgreich.

Die Technik des Dankens

Ein Vater verspricht seiner Tochter eine Weltreise, die sie keinen Pfennig kosten soll, als Geschenk und Anerkennung für einen erfolgreichen Schulabschluß. Sie hat weder das Geld dafür schon erhalten, noch ist sie bereits unterwegs, aber sie ist außerordentlich dankbar dafür und glücklich und so von Freude erfüllt, als befände sie sich wirklich schon auf dem Schiff nach Europa und dem Orient. Sie weiß, ihr Vater wird das ihr gegebene Versprechen halten, und ist voller Dankbarkeit. Im Vorgefühl der Freude und dankbaren Herzens hat sie die Gabe in Gedanken bereits empfangen.

Möglicherweise bist du zu einem Autohändler gegangen und hast ein Fahrzeug gekauft, wenngleich nicht genau das vorrätig war, was du haben wolltest. Im einzelnen hast du genau angegeben, was du wolltest, und der Verkäufer versprach dir, den Wagen so in Auftrag zu geben und zu liefern, wie du ihn dir in deiner Vorstellung gewünscht hattest. Du hast dich bedankt und gingst ohne Wagen wieder fort in der Überzeugung, den Wagen in Kürze genauso zu erhalten, wie du ihn bestellt hattest; du glaubtest an die Ehrlichkeit und Lauterkeit des Mannes, der dieses Geschäft führt.

Um wieviel mehr Vertrauen solltest du dem Unendlichen und seinem schöpferischen Gesetz entgegenbringen, das unverändert und mit absoluter Genauigkeit — unserem Vertrauen und Glauben gemäß — wirksam ist!

Warum müssen wir danken?

»*Seid dankbar für alles*« (1. Thessalonicher 5:18).
Der primitive Mensch hatte eine kindliche Vorstellung von Gott und schaute zu ihm empor als einem anthropomorphen Wesen, das das Universum wie ein tyrannischer Despot regiert. Er verhielt sich ihm gegenüber wie die Sklaven und Vasallen, die sich vor ihren alten Feudalherren duckten, weil sie Macht über Leben und Tod ihrer Untertanen hatten. Auf solche Weise versuchte der primitive Mensch auch Gottes Gunst zu gewinnen; er unterwarf sich ihm und flehte ihn unterwürfig an.
Heute sieht der Mensch in Gott die Unendliche Intelligenz, die durch ihr schöpferisches Gesetz wirkt. Dieses Gesetz ist unpersönlich, es kennt keinen Unterschied in der Person, und es ist unwandelbar. Es ist das gleiche

wie es gestern war, heute ist und für immer sein wird. Die göttliche Gegenwart weist auch alle Grundzüge einer Persönlichkeit auf, wie Liebe, Freude, Frieden, Weisheit, Intelligenz und Harmonie. Sie verbündet sich mit jedem Menschen, der sich auf das göttliche Gesetz einstimmt und in ihm lebt und wirkt. Sobald der Mensch die Wunder entdeckt, die Herrlichkeiten und den Widerhall der Unendlichen Gegenwart und Macht, wird in ihm sogleich das Gefühl des Dankes, des Lobes und der spirituellen Freude aufsteigen. Es wird ihm dann ergehen wie einem Jungen, der einige Geheimnisse der Chemie oder der Natur entdeckt und voll freudiger Erregung und Begeisterung seinem Vater alles über seine Entdeckung erzählt. Auch er fühlt sich erhoben und ist für seine Entdeckungen dankbar. So beschenkte mich einmal ein zehnjähriger Junge mit einem Aschenbecher, den er selbst in der Schule angefertigt hatte. Er erklärte mir, wie er das Metall maschinell bearbeitet und zusammengelötet hatte, und man konnte seine freudige Erregung und all das Wunderbare, das in ihm vorging, an seinen Augen ablesen. Solche Erlebnisse werden einen Jungen dazu veranlassen, im Laboratorium der Schule nach immer mehr Geheimnissen zu forschen. Zwar setzen Lob und Dankbarkeit Gott bzw. das Gesetz Gottes nicht in Bewegung, führen aber eine Wandlung in unserem Denken und Fühlen herbei. Man wird zu einem spirituellen und mentalen Magneten, der alle Arten des Guten — einschließlich des Geldes — aus den unerschöpflichen Quellen zu sich heranziehen kann.

Deine Dankbarkeit und Lobpreisung sollte aber auf gar keinen Fall in einer unterwürfigen, duckenden Haltung ihren Ausdruck finden, mit der du Gunstbeweise zu erhaschen suchst. Vielmehr sollte es ein erregendes Abenteuer für dich sein, in die verborgenen Winkel deines tiefen Bewußtseins hinabzusteigen und mit leidenschaftlichem Interesse Gottes Gesetze zu erproben. Dabei wirst du erfreut feststellen können, daß alles, was du nötig hast und beanspruchst, bereits als Urstoff in dir verborgen liegt und nur darauf wartet, von dir mit einem freudigen und dankerfüllten Herzen in Empfang genommen zu werden.

Wahrhaft dankbar und voll des Lobes bist du, wenn du dir der universellen Prinzipien des Lebens und der Vorsehung bewußt wirst und zu schätzen weißt, daß alles von Anbeginn schon bereitet ist.

Die Wunderwirkung des »Ich danke!«

Ein Mann sagte: »Bei mir stapeln sich die Rechnungen, ich habe aber kein Geld; ich bin bankrott. Was soll ich tun?« Ich legte ihm nahe, sich zwei- oder dreimal täglich für zehn bis 15 Minuten ruhig hinzusetzen und kühn zu erklären: »Vater, ich danke dir für deinen Reichtum« und damit solange in dieser entspannten und friedvollen Weise fortzufahren, bis das Gefühl bzw. die Stimmung der Dankbarkeit in seinem Gemüt vorherrsche. Er wußte, daß das Gedankenbild des Wohlstands die erste Ursache in bezug auf das Geld und den Reichtum sei, den er benötigte. Sein mit Gefühl aufgeladener Gedanke war die Substanz des Wohlstands und konnte durch frühere Zustände irgendwelcher Art in keiner Weise beeindruckt oder behindert werden. Durch das wiederholte »Vater, ich danke dir« – immer und immer wieder gesprochen oder gedacht – wurden schließlich Verstand und Herz bis zum Punkt der Annahme erhoben. Sobald Furchtgedanken ihn überfielen, sprach er diese Worte erneut, so oft wie es nötig war: »Vater, ich danke dir.« Er war überzeugt, sein Denken der Idee des Wohlstands öffnen zu können, wenn er diese dankbare Einstellung beibehielte. Und das Ereignis gab ihm recht: Bei einer geselligen Zusammenkunft traf er einen früheren Arbeitgeber, der ihm nicht nur eine leitende Position anbot, sondern ihm auch eine beträchtliche Geldsumme vorstreckte, womit er alle seine Rechnungen bezahlen konnte und fortan schuldenfrei war. Er erklärte mir, daß er niemals die Wunder des »Vater, ich danke dir« vergessen würde.

Der Wert der Dankbarkeit

Dankbarkeit bringt und hält dich in Harmonie mit dem Unendlichen und mit seinem schöpferischen Gesetz. Der Wert der Dankbarkeit liegt aber nicht so sehr darin, Wohltaten zu empfangen. Denke vielmehr daran, daß du ohne Dankbarkeit im Herzen unzufrieden und mißgestimmt in bezug auf deine augenblickliche Lebenslage und deine Lebensumstände wärst.

Wenn du deine Aufmerksamkeit auf Armut, Mangel, Einsamkeit, Verkommenheit und Gemeinheit richtest, sowie auf die Schwierigkeiten und Probleme dieser Welt, so nimmt dein Denken zwangsläufig die Form all dieser Dinge an – entsprechend dem Gesetz, daß alles, dem man seine Aufmerksamkeit schenkt, im eigenen Erlebnisbereich in Erscheinung tritt.

Denke also daran, daß du immer dann mit elenden und niedrigen Dingen zu tun haben wirst, wenn du deinen

Gedanken erlaubst, in Vorstellungen des Mangels und der Begrenzung zu verweilen.

Hältst du dagegen deine Aufmerksamkeit auf das Höchste und Beste in deinem Leben gerichtet, dann werden um dich herum all jene Bedingungen entstehen, die das Höchste und Beste von allem in deinem Leben beinhalten.

Das schöpferische Gesetz deines Unterbewußtseins wird *das* widerspiegeln und ins Bild setzen, was du *erwartest*, d. h., du wirst *das* erleben, was du in deiner Vorstellung schon als vorhanden ansiehst. Der dankbare Mensch erwartet unaufhörlich und beständig das Gute des Lebens, und seine Erwartung nimmt unweigerlich materielle Formen an.

Es ist notwendig und von wesentlicher Bedeutung, sich eine dankbare Haltung für alles anzugewöhnen. Sage Dank für alles, was du erhältst – mit anderen Worten: Danke unaufhörlich!

Alle Menschen tragen zu deinem Wohlergehen bei. Deshalb solltest du alle Männer und Frauen in dein Dankgebet einschließen. Dadurch kommst du in unterbewußte Verbindung mit dem Guten in allen Menschen und in allem; der Reichtum des Lebens, die ganze Erde und alle Menschen werden sich zu dir hingezogen fühlen.

Weißt du dein Gutes zu schätzen?

Vor einigen Jahren las ich in der Lokalpresse von einem Mann, der seit seinem zweiten Lebensjahr erblindet war. Ein Auge mußte entfernt werden, doch später operierte man ihn auf dem anderen Auge, und das erste, was er zu sehen bekam, war das Gesicht seiner Frau. Für ihn war dieser Anblick ausnehmend schön, und er konnte sich nichts Schöneres vorstellen. Nahezu 40 Jahre hatte er mit ihr zusammengelebt, aber niemals ihr Gesicht gesehen. Weißt du deine Frau, deinen Mann, deine Familie, deinen Chef usw. zu schätzen? Bist du dankbar für deine Augen, deinen Körper und dein gläubiges Vertrauen in Gott und alle guten Dinge?

Der Reichtum der Vergebung

Im vergangenen Jahr, so um die Weihnachtszeit, unterhielt ich mich mit einem Mann, der seit 20 Jahren weder an seine Eltern geschrieben hatte, noch sonst irgendwie in Verbindung mit ihnen stand, weil er sich mit ihnen überworfen hatte. Er war der Meinung gewesen, sein Bruder hätte mehr Geld und Grundbesitz als er von seinen Eltern bekommen. Daher grollte er ihnen, war böse und geradezu rachsüchtig. Bis ein Ereignis eintrat, das seine Einstellung änderte. Seine beiden Assistenten im Laden sagten nämlich: »Sie wissen doch, alle unsere Mitarbeiter gehen nach Hause, um mit ihren Eltern Weihnachten zu feiern; es muß herrlich sein, Eltern zu haben. Wie gern würden wir an Weihnachten eine solche Gelegenheit nützen. Aber wir sind Waisen und haben niemals unsere Eltern gesehen. Es muß wunderbar sein, Eltern zu haben.« Diese Worte bewirkten bei ihm ein Gefühl der Rührung, und sein Groll sowie seine Feindseligkeit den Eltern gegenüber schmolz augenblicklich dahin. Er besuchte sie zum Fest und brachte Geschenke für Vater und Mutter mit; es war ein freudiges Wiedersehen. Als Gegengeschenk erhielt er von seinen Eltern ein Aktienpaket, das wertmäßig bei weitem den Betrag überstieg, mit dem er glaubte, seinem Bruder gegenüber benachteiligt worden zu sein.

Vergeben ist *Geben* – ein Geben von Liebe und Frieden sowie allen Segnungen des Lebens – und so, wie du gibst, wirst du auch empfangen. Es steht geschrieben: »*Geben ist seliger denn nehmen*« (Apostelgeschichte 20:35).

Dankbarkeit zieht 50 Millionen Dollar an

Hier ist eine wundervolle Geschichte über die Kraft eines dankerfüllten Herzens. Der Name des jungen Mannes war Lucien Hamilton Tyng. Er wurde in Peoria, Illinois, geboren, und dort waren wenig Entfaltungsmöglichkeiten für den ehrgeizigen jungen Mann vorhanden. Er träumte große Träume und dachte in »großen Zügen«. So entschloß er sich eines Tages, nach Chicago zu gehen und dort sein Glück zu versuchen. Er fand eine Anstellung als Bürojunge. Mit dem, was er verdiente, war jedoch kaum auszukommen; nach Abzug seiner Zimmermiete blieben ihm noch genau 50 Cent am Tag fürs Essen. Er fand, daß ein 5-Cent-Schokoladenriegel ein recht ergiebiges Mittagessen war, da es ihm auf jeden Fall den Magen füllte. Das Frühstück machte 15 Cent, so daß das Dinner – die Hauptmahlzeit – nicht mehr als 30 Cent kosten durfte. Da er sehr religiös war, hatte er es sich angewöhnt, sein 50-Cent-Stück in der Hand zu halten und zu sagen: »Gott vermehrt es, und ich danke dafür. Ich erhalte mehr Geld von Tag zu Tag.« Dies wiederholte er für etwa zehn Minuten jeden Morgen, bevor er seine Ausgaben davon bestritt. Mehr und mehr traf er mit klugen und erfolgreichen Menschen zusammen, und vielerlei Gelegenheiten boten sich ihm, die er auch rasch zu seinem Vorteil auszunutzen verstand. Die Worte »Ich danke dir, Vater!« lagen ihm ständig auf den Lippen. Im Verlauf der Jahre hatten viele einflußreiche Menschen ihn um seine Meinung gefragt und seine Ratschläge auch befolgt. Er schien auf geradezu wunderbare Weise begabt zu sein und konnte seinen Scharfsinn mehr und mehr entfalten. Seine Urteilsfähigkeit in geschäftlichen Angelegenheiten erregte allseits Bewunderung, so daß man ihm volles Vertrauen entgegenbrachte und ihm die Lösung mancher geschäftlicher Probleme verdankte. Sein ständiges Gebet – vor und nach jeder erfolgreichen Leistung – blieben die Worte: »Vater, ich danke dir!«

Eines Tages kam ihm eine wundervolle Idee, die er einem guten Freund anvertraute. Dieser sah sofort in ihrer Verwirklichung enorme Möglichkeiten. Sie gründeten zusammen eine Gesellschaft und vereinigten sich zur *General Gas and Electric Company*. Das Unternehmen vergrößerte sich sprunghaft und dehnte sich mit Niederlassungen über sämtliche Staaten der Ostküste aus. Nach vielen Jahren verkauften sie einem Bericht zufolge ihren Besitz für eine Summe von 50 Millionen Dollar.

Ein Dichter sagte einmal: »O Gott, gewähre mir eines mehr – ein dankbares Herz!«

Zusammenfassung

1. Der ganze Prozeß mentalen, geistigen und materiellen Reichtums kann in einem einzigen Wort zusammengefaßt werden: *Dankbarkeit*.

2. Es gibt ein Gesetz der Dankbarkeit, mit dem du in Übereinstimmung kommen mußt, wenn du Resultate erzielen willst. Das bedeutet ganz einfach, daß alles, was du deinem Unterbewußtsein aufprägst, in gleicher Weise auch seinen Ausdruck finden wird. Freue dich und danke für Wohlstand sowie alle Arten von Reichtum. Dadurch, daß du dich ganz einfach reich *fühlst*, wirst du die Tiefen deines Unterbewußtseins damit beeindrucken, und Reichtum wird die sichtbare Folge sein.

3. Danke für alles, was du jetzt besitzt, und für die vielfachen Segnungen, die du empfangen hast. Zähle sie nacheinander auf, und Gott wird dein Gutes in überreichem Maß vermehren.

4. Beweise immerwährend Dankbarkeit für dein Wissen um die schöpferischen Kräfte, die jede Art von Reichtum in dein Leben zu bringen vermögen. Sei beispielsweise dankbar für den dir von deinem Vater versprochenen Wagen, auch wenn du ihn noch nicht erhalten hast. Dein himmlischer Vater gibt dir noch viel mehr. Alles, was du ihm dafür geben mußt, ist dein völliges Vertrauen und dein unerschütterlicher Glaube an ihn.

5. Erblicke in Gott den Unendlichen Geist, die Unendliche Intelligenz, die durch ein schöpferisches Gesetz wirkt, das keine Unterschiede macht und auf jeden Anruf reagiert. Sobald du den Reichtum und die Herrlichkeit in dir gefunden hast, kannst du gar nicht anders als triumphieren in der Freude über die Entdeckung, daß alles, wonach du suchst, als Urstoff vorhanden ist und darauf wartet, von dir mit einem freudevollen und dankbaren Herzen in Empfang genommen zu werden.

6. Setz dich jeden Tag für 15 Minuten hin, beruhige dein Gemüt und sprich mit Überzeugung: »Vater, ich danke

dir jetzt für deinen Reichtum!« Du wirst es erleben, daß Wunder — einschließlich solcher mit Geld — geschehen.

7. Dankbarkeit bringt dich in Harmonie mit dem Unendlichen und in Verbindung mit den schöpferischen Kräften des Universums. Du wirst zu einem mentalen und spirituellen Magneten und ziehst damit endlose Segnungen auf dich.

8. Bring deiner gesamten Umwelt eine tiefe Wertschätzung entgegen — deinen Familienangehörigen wie deinen Mitarbeitern. Alle Menschen sehnen sich nach Anerkennung; gib auch hiervon reichlich und liebevoll!

9. Vergebung schafft ein Vakuum in deinem Gemüt, und dadurch wird ein Weg frei für die Unendliche Heilkraft, dich zu durchströmen. Viele werden allein deshalb nicht reich, weil sie kritisieren oder Groll und Feindschaft gegen ihre Mitmenschen hegen. Eine solche Einstellung zerreißt die Drähte, durch die du mit der Quelle allen Wohlstands und der Gesundheit verbunden bist. Segne andere so lange, bis kein Stachel mehr in deinem Herzen zurückbleibt.

10. Solltest du nur noch ein Geldstück in der Tasche haben, dann segne es, und sage dir: »Gott vervielfacht dieses Geld in überreichem Maß, und ich danke für die stete Zunahme sowie das Hereinströmen von Gottes unerschöpflichem Reichtum in mein Leben.« Du wirst phantastischen Wohlstand erlangen.

11. *»Vater, ich danke dir, daß du mich gehört hast. Und ich weiß, daß du mich immer hören wirst!«* (Johannes 17:24).

14. Kapitel

Wunder des Reichtums durch die Macht deiner Worte

Hast du jemals darüber nachgedacht, welch wundervolle Kraft Worte in sich tragen? Denken heißt sprechen, und dein Gedanke ist dein Wort. In der Bibel lesen wir im Buch der Sprüche (25:11): »*Ein Wort, geredet zu rechter Zeit, ist wie goldene Äpfel auf silbernen Schalen.*« Und wir werden auch belehrt: »*Freundliche Reden sind Honigseim, trösten die Seele und erfrischen die Gebeine*« (Sprüche 16:24).

Klingen deine Worte angenehm für das Ohr? »Ich kann nicht vorwärtskommen. Es ist unmöglich. Ich bin schon zu alt. Welche Chance habe ich, reich zu werden? Mary kann es, ich aber nicht. Ich habe kein Geld. Ich kann mir dieses oder jenes nicht leisten. Ich habe es versucht, es hat jedoch keinen Sinn« usw. Du siehst, deine Worte klingen nicht »wie Honigseim«; sie sind nicht positiv, heben dich nicht auf eine höhere Ebene empor und inspirieren dich nicht. Überdies: Was du in Worten beschließt, wird sich tatsächlich zeigen!

Die Worte, die du sprichst, müssen angenehm sein für das »*Gebein*«, d. h., deine Sprache muß dich erheben, begeistern, freudig erregen und glücklich machen. »*Gebein*« meint hier sinnbildlich »*Stütze*« und »*Ausgewo-*

genheit«. Deine Sprache muß dich tragen und stärken. Erkläre jetzt mit Überzeugung: »Von diesem Augenblick an werden die Worte, die ich spreche, heilen, segnen, gedeihen lassen, inspirieren und mich sowie jedermann stärken.«

Da deine Worte buchstäblich genommen mächtig und voller Kraft sind, ist es von besonderer Bedeutung, das rechte Wort zur rechten Zeit zu sprechen und sicher zu sein, daß deine Worte zu allen Anlässen »angenehm fürs Ohr und erfreulich für das Gebein« sind.

Dr. Phineas Parkhurst Quimby wies während seines Wirkens in Maine vor über einem Jahrhundert nach, daß der primitive Mensch seine Hoffnungen, Bestrebungen, Sehnsüchte, Neigungen und Abneigungen sowie seine Ängste mitzuteilen wünschte. Er hatte einen sehr starken Drang, seine Gedanken und Gefühle zu äußern. Dies zeigte sich zunächst als Knurren und Brummen und führte schließlich zur Bildung von Wurzelwörtern, denen im Laufe der Zeit – seiner geistigen Entwicklung gemäß – immer mehr Begriffe hinzugefügt worden sind.

Der Fähigkeit folgend, Gedanken und Gefühle zu äußern, entwickelte man schließlich die Druckerpresse, dann kam die Schreibmaschine, und durch zahlreiche weitere Erfindungen konnte das Wissen in Form von Worten über die ganze Welt verbreitet werden. Marconi hatte die Idee, das Wort rund um den Erdball zu schikken; seine Verwandten hielten ihn zwar für geistesgestört und hatten ihn für eine Weile in einer Irrenanstalt untergebracht, doch seine Idee hatte einen neuen Zeitabschnitt in der Nachrichtenübermittlung eingeleitet. Heute überwinden wir Zeit und Raum mittels seiner Idee. Wir nehmen einfach einen Telefonhörer ab und können mit jedermann, und sei es am Ende der Welt, sprechen und unsere Gedanken austauschen.

Wenn du nun die Wunder der Sprache erkannt hast, dann begreifst du, daß du imstande bist, alle zu segnen, zu loben, zu beglücken und zu inspirieren, mit denen du in Verbindung stehst.

Die Wirkung des gesprochenen Wortes

Die Kraft des gesprochenen Wortes ist größer als die Wirkung nuklearer Waffen oder Atombomben, weil Worte bestimmen, ob solche Waffen eingesetzt werden oder im verborgenen bleiben. Worte vermögen somit ein Schiff mittels atomarer Kraft über den Atlantik zu treiben, aber auch eine Stadt, ja sogar eine ganze Nation zu vernichten.

Salomon sagte: *»Die Zunge der Weisen ist Heilung«* (Sprüche 12:18). Und weiter: *»Tod und Leben stehen in der Zunge Gewalt«* (Sprüche 18:21). Daraus geht hervor, daß Worte mit Autorität gesprochen werden müssen.

Dies trug ich einem Mann, der infolge eines Herzleidens in der Klinik lag, vor, worauf er damit begann, die meiste Zeit des Tages zu sich zu sprechen: »Ich bin völlig gesund; Gott ist meine Gesundheit.« Zum Erstaunen des Kardiologen verbesserte sich sein Gesundheitszustand daraufhin zusehends, und ein anderer Herzspezialist, der hinzugezogen worden war, konnte nur noch ein normal funktionierendes Herz feststellen. Der Mann hatte die Worte mit Autorität und Überzeugung gesprochen und damit den Weg zu seinem Unterbewußtsein gefunden, das dementsprechend reagierte.

Er sagte zu mir: »Gesundheit ist Wohlstand. Nun kann ich zu meiner Familie und meinen Geschäften zurückkehren; sie brauchen mich. Auch kann ich mich jetzt der Erziehung meiner Kinder widmen.«

Seine Worte brachten ihm Reichtum

Einmal hatte ich einen Geschäftsmann interviewt, der mir erzählte, daß der Schlüssel zu seinem Wohlstand und geschäftlichen Erfolg die Erkenntnis der Wahrheit gewesen sei, die hinter folgenden Worten liegt: *»Die Worte, welche ich zu euch geredet habe, sind Geist und sind Leben«* (Johannes 6:63).

Er sagte: »Diese Worte haben meinen Reichtum und meine Segnungen hervorgebracht, vor allem aber die Art, in der ich sie gesprochen habe; denn ich legte mein ganzes Gefühl in diese Worte. Und ich wußte: Dieses Gefühl beweist den Geist, der hinter diesen Worten liegt und der allein imstande ist, ihnen schöpferische Kraft zu verleihen.«

Dieser Mann hatte im Geschäftsleben Großes vollbracht und sich selbst bewiesen, daß Reichtum das Ergebnis des richtigen Wortes ist, das in der richtigen Weise gesprochen wird.

Wie die Macht der Worte Segen bringen kann

Ein Grundstücksmakler vertraute mir einmal das Geheimnis seiner Fähigkeit an, sein Unterbewußtsein unter Kontrolle zu halten und ihm Anweisungen zu geben. Seine Befehle lauteten: »Meine Worte heilen, beleben, erfüllen mit Kraft, lassen gedeihen, befriedigen und machen alle reich, mit denen ich in Verbindung komme oder Geschäfte abschließe.« Er war von der Überzeugung durchdrungen, daß, je mehr Leben, Liebe, guten Willen und Reichtum er anderen in Gedanken zukommen läßt, er um so mehr erhalten und besitzen wird. Die Niagarafälle sind deshalb so mächtig, weil sie ihre Wassermassen einer Lawine gleich ausströmen. Dieser Makler ist ungeheuer populär und erfolgreich und davon überzeugt, daß man all das, was man beschließt, auch empfangen wird, gemäß dem Versprechen in der Bibel: *»Was du beschließest, das wird zustande kommen, und das Licht wird strahlen über deinen Wegen«* (Hiob 22:28).

Wie sein Wort »Fleisch« wurde

Ich versuchte einmal einem Mann zu helfen, der unter finanziellen Rückschlägen zu leiden hatte. Ich fand heraus, daß er ständig sagte: »Wenn ich nur an etwas Geld kommen könnte, wäre schon alles in Ordnung.« Ich erklärte ihm, daß er für jedes nutzlos gesprochene Wort Rechenschaft abzulegen hätte und daß sein Unterbewußtsein keinen Spaß verstehe, sondern wörtlich nimmt, worüber er verfüge. Seine Worte, die er gebrauchte, verrieten Zweifel und Besorgnis; und seine finanzielle Lage war durch ein ständiges Auf und Ab gekennzeichnet.

Doch nun fing er an, die umformende Kraft des lebendigen Wortes anzuwenden, damit es »Fleisch« würde, d. h. sich offenbarte. Infolgedessen erklärte er häufig: »Ich beschließe Wohlstand und Erfolg, und ich weiß, daß diese Worte in mein Unterbewußtsein hinabsinken, weil ich sie mit Nachdruck und Überzeugung spreche. Ich bin finanziell gesichert und verfüge über all das nötige Geld, das ich brauche. Dafür sage ich Dank.« Bald darauf wendete sich das Blatt. *»Und das Wort ward Fleisch und wohnte unter uns«* (Johannes 1:14).

Das lebendige Wort wirkt Wunder

Jede Vorstellung, beharrlich im Denken und Fühlen festgehalten, wird »Fleisch« werden, der Qualität und Beschaffenheit unserer Worte gemäß. Sie stellen das mentale Äquivalent (die geistige Entsprechung) dar, die Vorstellungen und Bilder entstehen lassen, und zwar nicht nur in unseren Körpern, sondern auch in unserer Umgebung, unseren verwandtschaftlichen Beziehungen und in allen unseren Angelegenheiten.

Dr. Olive Gaze, eine meiner Bekannten, wendet ständig die Macht des Wortes an, um anderen damit zu helfen. Sie bejaht in Worten (sich geistig festlegen, darauf bestehen und als Wirklichkeit sehen) all das Gute, das eine Person sich wünscht. Erstrebt jemand Versorgung oder mehr Geld, so bejaht sie beständig während des Tages: »Gott ist reich; Mary ist Gottes Kind, und daher ist auch sie reich. Und so ist es!« Diese einfache Methode hatte großartige Ergebnisse für alle zur Folge, die sich an sie wandten, und ihre Worte haben Wunder im Leben vieler Menschen bewirkt.

»Denn nach deinen Worten wirst du gerechtfertigt, und nach deinen Worten wirst du verurteilt werden« (Matthäus 12:37).

Worte setzen geheimnisvolle Kräfte in Bewegung

Als Jesus am Grab des Lazarus stand, gebot er der geheimnisvollen Kraft und rief laut aus: »*Lazarus, komm heraus!*« (Johannes 11:43), und der wieder zum Leben erweckte Mann stand auf, grüßte seine Schwester und seinen Freund Jesus, der mit Autorität gesprochen hatte. »*...er lehrte sie wie einer, der Gewalt hat*« (Matthäus 7:29).

Laß dich von der Kraft deiner Worte in Entzücken versetzen und gebrauche niemals Worte des Mangels, der Begrenzung, des Mißklangs oder schlechter Zeiten. Beginne vielmehr damit, einen neuen Körper und eine neue Umgebung aufzubauen, dazu geistigen wie materiellen Reichtum, indem du deinen Befehlen eine andere Richtung gibst. Bejahe kühn: »Wohlstand, zeige dich! Gesundheit, komm hervor! Erfolg, stell dich jetzt ein!« Und voller Freude wirst du erleben, daß deine Worte magische Kraft besitzen.

Wie Worte Klienten anzogen

Wer meinen Erfolgskurs »Die erstaunlichen Gesetze kosmischer Gemütskraft« absolvierte, mußte die Feststellung machen, daß er durch die Kraft seiner Worte großartige Resultate erzielen konnte. Ich regte an, bestimmte Worte zu nehmen, die beeindruckten, und diese immer wieder – für etwa zehn oder mehr Minuten – zweimal am Tag als Befehle auszusprechen. Viele Teilnehmer ließen mich daraufhin wissen, sie arbeiteten in Büros und hätten deshalb nicht die Möglichkeit, in dieser Weise zu verfahren. Sie schrieben deshalb in Worten nieder, was sie sich wünschten und was in Erscheinung treten sollte. Von Zeit zu Zeit erinnerten sie sich ihrer Feststellungen, wodurch ihre Ideen allmählich ihrem Unterbewußtsein übermittelt worden sind.

Einer der Männer, der als Versicherungsagent tätig war, forderte kühn: »Ich ziehe von jetzt an nur noch solche Männer und Frauen an, die das Interesse und auch die Geldmittel haben, für die Ausbildung ihrer Kinder sowie für ihre eigene Versorgung Geld anzulegen.« Sein beharrlicher Gebrauch dieser Bejahungen hat ihm mehr Interessenten zugeführt als jemals zuvor, und wie von unsichtbarer Hand geleitet, erzielte er enorme Erfolge in allen Phasen seines Lebens.

Denke daran: Die Macht der Worte ist eine der größten Gaben, die Gott dem Menschen verliehen hat. Tiere können weder sprechen noch lachen. Du mußt dir der Tatsache bewußt sein, daß du deine Worte gebrauchen kannst, sowohl um zu segnen, als auch um zu verfluchen, um zu heilen, als auch zu kränken, um in Reichtum oder in Armut zu leben, für deine Besserstellung oder zu deinem Nachteil. Höre auf damit, die Kraft deiner Worte gegen dich zu verwenden! Segne unentwegt, dann wirst du in deinem Leben Orchideen statt Disteln pflücken können!

Ihre Worte regelten einen Erbschaftsanspruch

Eine gute Bekannte von mir aus San Francisco rief vor einiger Zeit an, um mir mitzuteilen, daß sie nicht in das Testament ihres Vaters miteinbezogen worden wäre. Das notariell beglaubigte Testament sah vor, ein Grundstück in gleichen Teilen unter die übrigen fünf Geschwister aufzuteilen. Auf meinen Rat hin konsultierte sie einen Anwalt und sprach darüber hinaus drei- oder viermal am Tag jeweils für 15 Minuten folgende Bejahung: »Die Angelegenheit erfährt in göttlicher Ordnung eine harmonische Schlichtung in bezug auf das Grundstück. Was in göttlicher Ordnung mir gehört, kann mir nicht genommen werden. Ich segne meine Schwestern und meine Brüder, sie segnen mich, und alles führt zu einem glücklichen Ausgang.«

Nach etwa einer Woche teilte ihr Anwalt telefonisch mit, daß ihre Geschwister nicht die Absicht hätten, ihr das ihr zustehende Erbe streitig zu machen, daß sie vielmehr der Meinung seien, ihr Vater habe ihr gegenüber unfair gehandelt, weil sie einen Mann einer anderen Konfession geheiratet hätte. Sie waren der Meinung, daß es ihren Vater nichts anginge, wen sie sich zum Ehepartner erwählte, und alle seien sie sich einig, ihr den gleichen Teil des Erbes zuzugestehen. Es kam zu einer wirklich harmonischen Schlichtung der Angelegenheit, die darauf hinauslief, daß jedem der Erben ein gleich großer finanzieller Anteil zufiel.

Die Heilkraft deiner Worte

»Worte sind die mächtigste Arznei, die von der Menschheit angewendet wird« (Rudyard Kipling). Und in der Bibel steht: Er sandte Sein Wort und heilte sie« (Psalm 107:20).

Jeder von uns kann heilende Worte für sich selbst wie auch für andere sprechen. Wenn wir nicht sofort Ergebnisse erhalten, liegt der Grund dafür in der Art unseres

Vertrauens und Glaubens. Wie werden nun heilende Worte für andere – sei es für einen geliebten Menschen oder für einen Freund – angewandt?

Spüre die Gegenwart Gottes – die Gegenwart der Harmonie, Gesundheit und des Friedens in deinem Freund, wie er von ihr durchströmt und umgeben wird. Laß dich von dem Gefühl durchdringen, daß er oder sie göttlich beschützt ist. Selbst wenn die andere Person davon nichts weiß, sei überzeugt, daß die Heilung in diesem Augenblick stattfindet, und glaube aufrichtig daran. Dies kannst du mehrere Male am Tag wiederholen, wenn du es wünschst. Dein Vertrauen wächst, und die Heilung wird – langsam oder überraschend – einsetzen, der Kraft deines Glaubens gemäß. Das ist das »Senden des Wortes« – das Senden deiner Gedanken und Gefühle zu einer anderen Person.

Der Prophet Jesaja spricht: *»Gott der Herr hat mir eines Jüngers Zunge verliehen, daß ich den Müden durch das Wort zu erquicken wisse«* (Jesaja 50:4). Ein Wort, das erhebt und lobt, ein Wort der Liebe – wer kann seine Kraft ermessen?

Ein geistig behinderter Junge hatte starke Lernschwierigkeiten, und seine Lehrer sagten, es sei aussichtslos. Seine Mutter jedoch, reich und mächtig an Liebe und im Glauben, bejahte ständig während des Tages: »Gott liebt meinen Jungen und sorgt für ihn. Die Intelligenz Gottes durchströmt ihn, und seine Weisheit wirkt durch ihn; er ist Gottes vollkommener Ausdruck.« Jetzt lernt dieser Junge normal und kommt in der Schule recht gut mit. Darin liegt der geistige Reichtum deiner Worte: Wenn sie voller Liebe und Verständnis ausgesprochen werden. Die Worte der Mutter hatten die Kraft zu heilen und Harmonie herzustellen.

Was seine Worte bei säumigen Zahlern bewirkten

Der Kreditmanager einer Maschinenbaufirma hatte viele säumige Zahler zu überwachen, und die ausstehenden Gelder machten die runde Summe von nahezu 30 000 Dollar aus. Dieser Mann fertigte sich eine Liste aller fälligen Kundenzahlungen an und verfuhr folgendermaßen: Jeden Morgen, ehe er seine Arbeit aufnahm, erwähnte er den Namen eines jeden Kunden und sprach die folgenden Worte: »Mr. X ist gesegnet, seine Geschäfte gedeihen und sein Gutes vermehrt sich. Er kommt bereitwillig allen seinen Verpflichtungen nach, ist ehrlich, aufrichtig und rechtschaffen. Ich danke jetzt für seinen Scheck. Er ist beglückt, und wir sind beglückt. Ich danke, daß es so ist.«

Dieses Statement bzw. dieser Befehl an sein Unterbewußtsein erreichte jeden seiner Kunden, dessen Zahlungsmoral bisher sehr zu wünschen übriggelassen hatte, und alle zahlten schließlich innerhalb eines Monats. Seine Worte des Glaubens und Vertrauens waren von seinem Unterbewußtsein angenommen worden und erreichten auf telepathischem Weg jene Menschen, die mit ihren Zahlungen im Rückstand geblieben waren und die ständigen Zahlungsaufforderungen unberücksichtigt gelassen hatten.

Wie ihre Worte zu einer neuen Beschäftigung führten

Eine 60jährige Frau konnte keine Arbeit finden, weil – wie sie meinte – ihr alle Türen aufgrund ihres Alters verschlossen seien. Doch dann bejahte sie wie folgt: »Ich bin ein Kind Gottes und immer einträglich beschäftigt; mein Vater – Gott – entlohnt mich ansehnlich und öffnet mir eine neue Tür.« Auf diese Weise erlangte sie neue Zuversicht, und das gab sich sofort in ihrem Verhalten zu erkennen. Sie hatte verschiedene Agenturen aufgesucht und Erkundigungen eingeholt. Im Nu fand sie eine wunderbare Stellung und einen Arbeitgeber, der erfreut darüber war, sie zu bekommen; denn er schätzte ihre Stabilität, ihre Loyalität und ihr Wissen, das sie sich in all den Jahren ihrer Tätigkeit angeeignet hatte.

Deine Worte können deine Probleme lösen

Eine junge Sekretärin arbeitete für einen anspruchsvollen Vorgesetzten, der auch ziemlich sarkastisch in seiner Ausdrucksweise war. Daraufhin machte sie es sich zur Gewohnheit, folgendes zu bejahen: »Es gibt keinen Menschen gleich diesem im ganzen Universum. Gott denkt, spricht und handelt durch meinen Arbeitgeber; er ist in ihm und spricht und handelt durch ihn.«
Kurze Zeit danach übergab ihr Chef das Unternehmen seinem Sohn, der sich bald darauf in sie verliebte. Ich bin glücklich, bestätigen zu können, daß ich das Vergnügen hatte, für beide die Trauungszeremonie zu vollziehen. Diese junge Frau hat ihren Worten den Befehl gegeben und darauf eine göttliche Antwort erhalten.
Wenn du auf das Unendliche eingestimmt bist und aus dieser Haltung heraus deine wahren Worte sprichst, dann sind sie mit Kraft aufgeladen und verwirklichen sich. *»Im Anfang war das Wort, und das Wort war bei Gott, und das Wort war Gott«* (Johannes 1:1).

Zusammenfassung

1. Dein Gedanke ist dein Wort. Worte sind das Waffenarsenal deines Geistes. Gedanken sind Dinge, und deine Worte verwirklichen sich.

2. Deine Worte sind mächtiger als atomare oder nukleare Energie. Worte können gebraucht werden, um atomare Kraft auf nutzbringende Weise anzuwenden, zum Beispiel ein Schiff über den Ozean zu treiben. Worte können aber auch die gleichen Energien dazu veranlassen zu zerstören.

3. Lade deine Worte mit Gefühl auf und lege Leben und Bedeutung in sie hinein. Das Resultat wird in Formen, Funktionen, Erfahrungen und Ereignissen sichtbar werden.

4. Du kannst Befehle aussprechen wie: »Meine Worte heilen, beleben, erfüllen mit Lebenskraft, beglücken, befriedigen und machen alle reich, mit denen ich Geschäfte mache.« Solche Worte werden dein Unternehmen veranlassen, aufzublühen und zu gedeihen. Deine Worte sind der Körper deiner Gedanken.

5. »Du wirst etwas beschließen, und es wird dir zuteil werden« (Hiob 22:28). Mit anderen Worten: Dein Wort »wird Fleisch«, d. h., es nimmt in deiner Welt sichtbare Formen an.

6. Deine Worte sind das mentale Äquivalent (die geistige Entsprechung), die das »Bild« in deinen Erfahrungsbereich bringt.

7. Lerne es, mit Autorität zu sprechen. Sei bedingungslos davon überzeugt, daß dein Unterbewußtsein das mit Autorität und Überzeugung gesprochene Wort offenbaren wird.

8. Verwende Worte, die Eindruck auf dich machen, dich

faszinieren und in freudige Erregung versetzen. Wiederhole diese Worte immer wieder. Es ist das ständige Durchdringen deines Gemüts mit diesen Gedanken, das Wunder in deinem Leben bewirkt.

9. Laß deine Worte vom Standpunkt Gottes, d. h. vom Standpunkt der Wahrheit aus in deine Welt strömen, und du wirst eine harmonische Schlichtung aller rechtlichen und anderen unangenehmen Angelegenheiten erleben.

10. Rudyard Kipling sagte: »Worte sind die mächtigste Arznei, die von der Menschheit angewendet wird.« Dein Gedanke und dein Gefühl sind dein »Wort«, das nicht nur dich, sondern auch andere zu heilen vermag. Mach dir Gottes Gegenwart bewußt, glaube daran und verstärke deine aufrichtige Zuneigung, dann wirst du dich in deinem Bewußtsein erhöhen und – in Übereinstimmung damit – wird die Heilung erfolgen. So kannst du beispielsweise einem geistig behinderten Kind helfen.

11. Deine Worte können auch säumige Zahler zur Erfüllung ihrer Verpflichtung veranlassen. Segne die Betreffenden, dann werden sie es unterbewußt fühlen und dementsprechend handeln.

12. Suchst du Arbeit, dann sprich bewußt und mit Gefühl: »Ich bin ein Kind Gottes, und Gott ist mein Arbeitgeber. Ich bin immer vollauf beschäftigt und sage jetzt Dank für meinen vollkommenen Ausdruck in meinem Leben und für mein wundervolles geregeltes Einkommen.«

13. Hast du es mit einem unangenehmen Menschen zu tun, der grob zu dir oder sarkastisch in seiner Ausdrucksweise ist, so bejahe kühn, daß es keinen Menschen im ganzen Universum gibt, der diesem gleicht; sei dir be-

wußt, daß Gott alles ist und daß er durch ihn denkt, spricht und handelt. Empfinde die tiefe Wahrheit dieser Worte, dann wirst du die Freude des beantworteten Gebets erleben.

»Antworte dem Toren nicht nach seiner Torheit, daß nicht auch du ihm gleich werdest« (Sprüche 26:4).

15. Kapitel

Der wunderbare Reichtum der Stille

Die Stille ist das Ruhen des Gemüts in Gott, und so wie der Schlaf den Körper nährt und erfrischt, so nährt, erhält und erfüllt die Vereinigung mit Gott den Menschen mit neuer Lebenskraft. Emerson sagte: »Laßt uns still sein, damit wir das Flüstern der Götter vernehmen.«

Stille ist das Zurückziehen unserer Aufmerksamkeit und Sinneseindrücke von der Außenwelt und das Einstellen unserer ganzen Aufmerksamkeit auf unser Ziel, unser Ideal bzw. das Objekt, in dem Bewußtsein, daß die Unendliche Intelligenz unseres Unterbewußtseins zwangsläufig antworten und diese Antwort in Sichtbarkeit bringen wird.

Der Genius in jedem Menschen

Ausgestattet mit allen göttlichen Kräften und Qualitäten sowie dem Vermögen, als Individuum zu denken, bist du auf diese Welt gekommen. Folglich verfügst du über die Kraft, zu erschaffen und deine geistigen Bilder sowie Überzeugungen in deiner Welt zu verwirklichen. Du bist reich, wenn du dir deiner schöpferischen Kraft bewußt wirst. Dein Reichtum und selbst deine Sicherheit liegen in deiner Kraft und Fähigkeit etwas zu erschaffen.

Als ich einmal ein Filmstudio besichtigte, fragte ich einen Drehbuchautor: »Wie arbeiten Sie? Was machen Sie, wenn Sie ein Drehbuch schreiben?«

Er antwortete in etwa wie folgt: »Ich beruhige mein Gemüt, entspanne mich und lasse mich gehen. Ich weiß gerade mal, worum es in dem Drehbuch gehen soll. Darüber denke ich nach, und ich genieße dieses Nachdenken. In der Stille der Nacht, bevor ich schlafen gehe, verweile ich bei dem Thema im Bewußtsein, daß mir die Charaktere und die nötigen Ideen dazu eingegeben werden. Wenn ich dann am Morgen erwache, habe ich das gesamte Drehbuch im Kopf, setze mich hin und schreibe es.«

Nun, wer anders brachte die Handlung hervor, als der Geist des Schreibers? Die Ideen, die er unterhielt und über die er in der Stille der Nacht meditierte, prägten sich seinem Unterbewußtsein ein, und dieses antwortete mit all den schöpferischen Ideen, die für das Drehbuch nötig waren.

Du lebst in deinem Bewußtsein, und dort entscheidet es sich, ob du reich wirst oder arm bleibst, Bettler oder Dieb sein wirst. Du besitzt die wertvolle Perle, wenn du dir der Kraft deiner eigenen Gedanken bewußt bist, das schaffen zu können, was du dir in deinem Leben wünschst. Die Reichtümer und deine innere Kraft sind unerschöpflich. Dein geistiger Reichtum kennt keine Begrenzung, nur jene, die du dir selbst auferlegst.

Wohlstand durch die Stille

Robert Louis Stevenson wandte die Stille regelmäßig und planvoll an. Er besaß die Angewohnheit, seinem Unterbewußtsein in der Stille der Nacht, ehe er sich schlafen legte, beharrlich ganz präzise Anweisungen zu geben. Er zog seine Aufmerksamkeit von den Eindrükken der Außenwelt ab und wandte sich nach innen, der Weisheit und Kraft seines Unterbewußtseins zu und bat es, während des Schlafs für ihn Geschichten auszuarbeiten. Wiesen beispielsweise seine Geldmittel »tiefste Ebbe« auf, so lautete sein Befehl an das Unterbewußte etwa folgendermaßen: »Gib mir einen guten, spannenden Roman ein, der sich gut verkaufen läßt und recht einträglich ist.« Und sein Unterbewußtsein reagierte großartig darauf.

Stevenson sagte: »Diese kleinen Heinzelmännchen (die Intelligenz und Kräfte seines Unterbewußtseins) sind imstande, mir Stück für Stück eine Geschichte zu erzählen, gleich einer Fortsetzungsreihe, und halten mich – ihren vermeintlichen Schöpfer – ständig in völliger Ungewißheit, worauf sie abzielen.« Und er fügte hinzu: »Der Teil meiner Arbeit, der vollendet ist, wenn ich wieder aufgewacht bin, ist keineswegs zwangsläufig der meinige, da ja all dies zeigt, daß diese ›Heinzelmännchen‹ ihre Hand mit im Spiel haben.«

Seine Stille-Periode machte ihn berühmt

Der Weise aus dem Libanon, Kahlil Gibran, der das großartige Buch »Der Prophet« geschrieben hat, dachte in der Stille der Nacht nicht nur darüber nach, mit seinem innewohnenden göttlichen Selbst in vertraute Beziehung zu treten, um Liebe, Frieden, Freude und guten Willen zu allen Menschen hin auszustrahlen, sondern er sann auch am Tag über das innere Strahlen, das innere Licht, die innere Liebe, Wahrheit und Schönheit in sich nach und hinterließ der Menschheit den Reichtum seiner Meditationen in der Stille mit Gott. Gibran wandte sich innerlich häufig dem Einen, der Schönheit und dem Guten zu und schrieb: »Ein Sucher der Stille bin ich, und was ich an Schätzen in dieser Stille fand, erfüllte mich mit Zuversicht.«

Er schöpfte Weisheit, Wahrheit und Schönheit aus dem nie versiegenden Brunnen des Lebens in sich. In der Stille der Nacht und in Übereinstimmung mit dem Unendlichen wurde er inspiriert, erhielt aus höheren Welten seine Eingebungen und schrieb Glanzstücke voller Weisheit, durch die er seine Berühmtheit erlangte und wohlhabend wurde.

Wie eine Mutter ihre Gefühle umwandelte

Eine Frau beklagte sich einmal bei mir, daß ihre Kinder sie noch zum Wahnsinn treiben würden. Ich schlug ihr vor, sich jeden Morgen etwa 15 Minuten Zeit zu nehmen und laut den 91. und 23. Psalm zu lesen, daraufhin die Augen zu schließen und sich ganz von ihrer Umwelt zu lösen. Alsdann sollte sie über Gottes grenzenlose Liebe, unendliche Weisheit, höchste Kraft und vollkommene Harmonie nachdenken und die Atmosphäre der Liebe, des Friedens, der Freude und des Glücklichseins empfinden, die ihre Kinder umgebe. Gleichzeitig solle sie fordern, daß seine Liebe und sein Friede ihr Herz erfüllt und die Kinder in Frieden, Schönheit, Weisheit und Verständnis gedeihen können.

Auf diese Weise lud sie ihre mentalen und spirituellen Batterien mit der Kraft und Weisheit Gottes neu auf und vermochte ihr ganzes Leben dadurch umzugestalten. Die Liebe zu ihren Kindern flammte neu auf, und sie war dankbar für den Reichtum des Friedens, den sie in der Stille gefunden hatte.

Wie ein Pilot die Stille praktizierte

Das Flugzeug, mit dem ich in den Orient reiste, wurde unterwegs von einem gewaltigen Sturm, begleitet von Donner und Blitzen, erfaßt. Später erzählte mir der Flugkapitän, daß er immer dann, wenn er sich einem Sturm gegenübersehe, den 23. Psalm rezitiere mit dem Zusatz: »Gottes Liebe umgibt diese Maschine, und ich bringe sie in göttlicher Ordnung glücklich wieder zur Erde herunter.« Ich hatte als erster bemerkt, wie plötzlich eine bedeutsame Ruhe über die Passagiere gekommen war, nachdem alle zuvor von einer Panik ergriffen worden waren.

Unser Kapitän machte eine perfekte Landung in Hongkong, und niemand wurde auch nur geringfügig verletzt. Er hatte sich geweigert, in Angst und Panik zu geraten; dadurch wurden die heilenden Ströme der Liebe und des Schutzes frei für alle.

»...und ob ich schon wanderte im finsteren Tal, so fürchte ich kein Unglück, denn du bist bei mir, dein Stecken und Stab, der tröstet mich« (Psalm 23:4).

Er löste sein Problem in der Stille

Ein Mann beklagte sich bei mir bitter darüber, daß er keine Arbeit finden könne, weil er keinen Gewerkschaftsausweis besitze. Er habe aber nicht das Geld, um der Gewerkschaft beitreten zu können. Er wollte seinen Sohn auf das College schicken sowie ein neues Haus kaufen, doch – so sagte er: »Ich bin in jeder Hinsicht frustriert.«

Ich erklärte ihm, er müsse auf die Stimme der Wahrheit in sich lauschen. Bisher habe er nur die negative Seite der Dinge gesehen, doch erst dann, wenn man die ewigen Wahrheiten Gottes vernommen hätte, würde der Glaube sich einstellen.

Am Abend wurde er still, konzentrierte seine Aufmerksamkeit und bejahte: »Die Unendliche Intelligenz öffnet mir eine Tür zu meinem Selbstausdruck, damit ich glücklich bin und mich in göttlicher Ordnung entfalten kann. Gott zeigt mir auch einen Weg, um meinem Jungen den Besuch des Colleges zu ermöglichen, und Gottes Wohlstand strömt mir in einer Lawine der Fülle zu.«

Einige Tage vergingen, dann traf der Mann einen früheren Arbeitgeber, der ihn sofort mit einem recht attraktiven Gehalt anstellte und ihm darüber hinaus sein eigenes Landhaus in der Nähe des Betriebs zur Verfügung stellte. Das höhere Einkommen ermöglichte ihm, seinen Sohn auf das College zu schicken. Die Antwort kam aus der Tiefe des inneren Seins, als er – in der Stille der Nacht – in Ruhe über Gottes Liebe und wohltätiges Wirken nachgedacht hatte.

Wie man großartige Resultate erzielt

Schließ das Tor deiner Sinne, so daß dein Wahrnehmungsvermögen nicht länger durch Eindrücke aus der Außenwelt verwirrt werden kann. Dann verweile still in der göttlichen Gegenwart deines Inneren. Begib dich in einer freudvollen, aufnahmebereiten und erwartungsvollen Haltung in seine Gegenwart, im Bewußtsein, auf jeden Anruf von der Unendlichen Intelligenz eine Antwort zu erhalten. Wenn du zu einem Teich oder Brunnen gehst, um Wasser zu holen, dann nimmst du einen Eimer oder einen anderen passenden Behälter mit, in den du das Wasser gießen kannst. Stelle dein empfängliches Gemüt (den Behälter) auf den Unendlichen ein, so wird es in gleicher Weise gefüllt werden, und zwar mit der unendlichen Heilungskraft Gottes und allen seinen Gaben.

Du kannst jederzeit und regelmäßig in die Stille eintreten, wenn du deine Gedanken losläßt und deine Aufmerksamkeit von den Eindrücken der Außenwelt abziehst. Dadurch wird es dir möglich, dich mit dem Göttlichen in dir zu verbinden, das deine Seele mit Liebe erfüllt.

Ein zauberhaftes Leben

Ein junger Arzt erzählte mir einmal, er habe sich – als er die Pathologie von Krankheiten studierte – mehrere jener Leiden selbst zugezogen. Er erkannte, daß sein Denken – weil ständig in Vorstellungen von Krankheiten verwickelt – *das* herbeiführte, was er stets befürchtet hatte.

Als er die Ursachen seiner Schwierigkeiten jedoch erkannt hatte, kehrte er diese bisherige Gewohnheit ins Gegenteil um, indem er sich bewußt machte, daß alle Krankheiten nur auf verzerrte geistige Bilder – verzerrte Denkmuster – bei den Patienten zurückzuführen waren. Jetzt hielt er nur mehr vollkommene Bilder von Harmonie, Gesundheit und Frieden in sich fest. Wie er vordem auf die negativen Bilder sah, so richtete er seine Aufmerksamkeit nunmehr auf Gesundheit, Schönheit und Vollkommenheit und sah in allen Patienten nur noch die Gegenwart Gottes; dadurch wurde auch er immun gegen alle Krankheitseinflüsse.

Jetzt führt er ein zauberhaftes Leben, besucht kranke Patienten auf den Isolierstationen und ist völlig immun.

Ein Wissenschaftler und die Stille

Ein berühmter Ingenieur und Weltraumspezialist sitzt – wenn er mit Problemen beschäftigt ist – allein in seinem Forschungslabor und meditiert still wie folgt: »Ich werde mir nun der göttlichen Lösung bewußt. Gott kennt die Antwort; mein Vater und ich sind eins. Gott offenbart mir die Lösung in diesem Augenblick.«

Er sagte, daß er stets und zwangsläufig die Antwort erhielte – zuweilen als ein intuitives Aufblitzen in seinem Denken, das ihm die richtige Idee eingibt, oder oft auch als graphische Darstellung in seinem Bewußtsein, die dann die vollkommene Lösung darstellt. Er bezeichnet seine Technik gern als die »Lösung in der Stille«.

Weshalb nichts geschah

Eine Frau erzählte mir einmal, sie widme täglich eine halbe Stunde der Stille, habe damit jedoch noch keinerlei Resultate erzielen können. Ich fand heraus, daß ihre Stille-Übung darin bestand, Musik zu hören, Weihrauch zu brennen und ihren Blick auf Statuen von Heiligen zu richten. Dabei nahm sie besondere Körperhaltungen ein, zündete Kerzen an, errichtete Altäre in ihrem Heim und blickte nach Osten, wenn sie betete.

In Wirklichkeit war sie völlig den Oberflächlichkeiten und Äußerlichkeiten des Lebens verfallen, und ihr ganzes Dasein war ein einziges Chaos. Sie war krank, frustriert, einsam, gelangweilt und litt an verschiedenen Verirrungen. Ihre Aufmerksamkeit war auf Statuen, Kerzen, Rituale, Weihrauch, Musik und bestimmte Körperhaltungen gerichtet, und das hatte eine Art selbsthypnotische Trance herbeigeführt. Sie war der Welt ihrer fünf Sinne verfallen, statt sich mit der göttlichen Kraft in ihrem Innern zu verbinden.

Ihre Schwester, die nicht religiös war, tadelte sie ständig mit den Worten: »Du betest jeden Tag, und wozu soll das gut sein? Sieh mich an! Ich gehe überhaupt nicht in die Stille, und ich glaube nicht einmal an Gott, und doch bin ich stark, vital und erfolgreich.« In der Tat, diese Frau gab sich mit all dem nicht ab; ihre Schwester dagegen ließ sich von Äußerlichkeiten, von Klängen und Statuen beeindrucken und vergeudete damit Zeit und Energie. Ich erklärte ihr, wie klug die Stille von Emerson angewandt wurde, und indem sie sich alsbald auf diese Weise übte, führte sie einen enormen Wandel in ihrem Denken herbei, und das begann sich auch körperlich und finanziell bei ihr auszuwirken.

Emersons Erfahrung mit der Stille

Gehe auf weise Art in die Stille, indem du dich von der
Welt der Sinneseindrücke abwendest und die Wirklichkeit deiner Ideen oder Wünsche betrachtest. »Glaube,
daß du etwas hast, und du wirst es erhalten.« Das bedeutet, daß du deinen Wunsch, deine Idee, deinen Plan,
deine Absicht oder deine Erfindung so wirklichkeitsnah
sehen oder empfinden mußt, wie deine Hand oder dein
Herz. Es hat bereits Form, Gestalt und Substanz in der
Dimension des Geistes.
Widme deiner Idee, deinem Wunsch usw. deine ganze
Aufmerksamkeit, freue dich darüber, und sei dir bewußt, daß die Unendliche Intelligenz, die dir diese Idee
eingab, dir auch den vollkommenen Plan für ihre Verwirklichung offenbaren wird. Halte diese Vorstellung in
dir fest, und du wirst die Freude erleben, daß dein Gebet
beantwortet wurde. Hierin liegt die Weisheit der Stille
von Emerson.

Täglich reiche Erträge

Denke jeden Morgen beim Aufstehen an Gott und seine
Liebe; sei wachsam, munter und rege, in steter Erwartung des Guten, mit Interesse und Aufmerksamkeit. Bejahe still und mit Bedacht: »Ich gebe mich in die heilige
Allgegenwart Gottes, auch meine Pläne und Ideen sowie alle Angelegenheiten meines Lebens an diesem Tag.
Ich verweile an dem geheimen Platz des Höchsten, und
seine schützende Gegenwart wacht über mich, meine
Familie, meine berufliche Tätigkeit und alle mir gehö-
renden Dinge. Gott lebt und spricht in mir, und wo

immer ich mich befinde, begleiten mich Gottes Erfolg und seine Liebe. Gott fördert mich in allen meinen Unternehmungen, und sein Wohlstand durchströmt mich immerwährend, reichlich, endlos und unaufhörlich. Ich wandle auf Erden, immer Worte der Lobpreisung Gottes auf den Lippen.«

Wenn du auf diese Weise verfährst, wirst du in allen Bereichen deines Lebens mit Sicherheit reiche Ernte halten können.

Die innere Stille

»Laßt uns also nach der Stille in unserem Innern trachten, einer Stille, die innerlich heilsam ist – jener vollkommenen Stille, wo Lippen und Herz schweigen und nicht mehr unsere eigenen unvollkommenen Gedanken und eitlen Meinungen vorherrschen, sondern wo allein Gott in uns spricht und wir in der Stille unserer Seele aufrichtigen Herzens darauf warten, seinen Willen zu erfahren, damit wir seinen Willen tun, nur ihn und nichts anders.«   (Longfellow)

Zusammenfassung

1. Die Stille ist das Ruhen des Gemüts in Gott. Hier erhält sie Nahrung, Vitalität und neue Kraft.

2. In jedem Menschen ruht ein Genius. Alle Kräfte Gottes warten im Menschen darauf, von seinem Bewußtsein ausgeschöpft zu werden, wenn er sich in die Stille begibt.

3. Gib deinem Unterbewußtsein ganz bestimmte An-

weisungen – still und liebevoll –, bevor du dich zur Ruhe begibst; es wird alles für dich erledigen, der Art und Weise deiner Anordnungen gemäß.

4. Aus der Tiefe deines Unterbewußtseins vermagst du wunderbare Ideen für ein Buch, einen Film oder eine Melodie hervorzuholen, wenn du dein Gemüt zur Ruhe bringst, vor dem Schlafengehen deine Aufmerksamkeit nach innen richtest und den Unendlichen bittest, dir zu offenbaren, was du wissen mußt.

5. Nimm dir an deinem Arbeitsplatz jeden Morgen zehn bis 15 Minuten Zeit und fordere, die Unendliche Intelligenz möge alle deine Geschäftsabschlüsse, deine Zahlungen, Entscheidungen und Verkäufe lenken. Alles wird in göttlicher Ordnung sein, und dein Geschäft wird auf wunderbare Weise florieren.

6. In der Stille kannst du deine mentalen und spirituellen Batterien neu aufladen, indem du langsam und mit Bedacht den 91. und 23. Psalm bejahst, im Bewußtsein, daß Gottes Frieden deine Seele durchströmt und Heilung bringt.

7. Wenn du dich bei einem Sturm zu Lande, in der Luft oder auf See von Gottes Liebe umgeben und eingehüllt fühlst, wirst du keinen Schaden erleiden.

8. Gehe mit einem Gefühl größter Erwartung und starker Aufmerksamkeit in die Stille, und du wirst Gottes Gaben empfangen – den himmlischen wie den irdischen Reichtum.

9. Führe ein Leben in Freude, indem du stets die Gegenwart Gottes dort siehst, wo Mißklang, Krankheit oder Ansteckung sowie finanzieller Mangel herrschen, dann wirst du dich von all diesen unharmonischen Zuständen befreien können.

10. Bejahe immer, daß Gott die Antwort weiß und –

indem du eins mit ihm bist – du die Antwort auch erfahren wirst. So wird dir auf alle Probleme eine göttliche Antwort zuteil werden.

11. Mache dich in der Stille gedanklich frei von allen äußeren Eindrücken, Klängen und Objekten, und sieh deinen Wunsch als bereits verwirklicht an. Dann wird Gottes Kraft dich aufrichten und du erfährst die Freude des beantworteten Gebets.

Worterläuterungen

Bewußtsein: Alles ist Bewußtsein, d. h. bewußtes Sein in verschiedensten Bewußtseinsgraden – vom absoluten, für uns unfaßbaren höchsten Bewußtsein und dem universellen, allumfassenden göttlichen Bewußtsein über das kosmische, astrale, planetarische und humane Menschheitsbewußtsein bis zum individuellen Persönlichkeitsbewußtsein des einzelnen Menschen und weiter zum tierischen, pflanzlichen und mineralischen Bewußtsein (von Leibnitz »Monade« genannt). Demnach ist alles, was in Erscheinung tritt, Bewußtsein in fortschreitender Offenbarung, so daß es sich bei geistiger Entwicklung eigentlich nicht um Bewußtseinserweiterung oder Bewußtseinssteigerung handelt, sondern um immer klareres Gewahrwerden der Tatsache, daß »Höchstes Bewußtsein mein Wesen ist«. Und je ungetrübter das gesamte Wollen, Denken, Fühlen und Wirken dieses Wesens sich widerspiegelt, desto vollkommener ist dessen irdische Erscheinungsform.

Brainstorming: Wörtliche Bedeutung »Gehirnsturm erzeugen«. Man versucht dadurch der Trägheit oder gar Stagnation des gewöhnlichen Denkprozesses entgegenzuwirken, indem die Beteiligten zu irgendeinem Problem oder »Reizwort« einfach alles spontan heraussprudeln, was ihnen dazu einfällt, ohne sich durch kritische Überlegung hemmen zu lassen. Sicherlich ist diese Methode in manchen Fällen ganz brauchbar, doch ist sie eben nur ein Ersatz, bestenfalls ein Vorläufer schöpferischer Imagination, denn wer gelernt hat, sich ständig für den Strom geistigen Bewußtseins offen zu halten, der braucht nicht mehr gewaltsam intellektuelle Barrieren zu durchbrechen.

Ego: Das Gefühl, ein eigenständiges und damit vom Ganzen getrenntes Wesen zu sein. Die Seele, die ihr wahres Wesen vergessen hat, ist mit Gemüt und Körper identifiziert und unterliegt der Sinnestäuschung. Das Gefühl des Getrenntseins (Ego) ist die Ursache von Unwissenheit, Leid und Krankheit.

Einssein (Gefühl des Einsseins): Sobald der Mensch zu seinem wahren Wesen erwacht und sich als Seele erkennt, gelangt er in das Gefühl des Einsseins mit allem Leben; er erlangt das sichere Gefühl, ein unherauslösbarer Teil des einen ewigen Lebens zu sein: das Gewahrsein des »Ich bin«. Jede gelungene Meditation führt in dieses Erleben.

Einweihung: »Wird immer dann erfahren, wenn wir zu einem größeren Verständnis des Lebens erwachen« (so sagt man ja auch im gewöhnlichen Sprachgebrauch: Man wird in eine Kunst oder in ein Geheimnis eingeweiht). Es gibt infolgedessen fortschreitende Stufen der Einweihung, bis das letzte Geheimnis offenbar wurde: »Ich bin ein individualisierter Teil Gottes – ein verkörperter Gottesfunke.«

emotional: Gleichbedeutend mit affektiv oder irrational, d. h. gefühlsmäßig bzw. erlebnishaft.

Erweckung: Gleichbedeutend mit Erleuchtung oder Befreiung (weil wir aus dem bewußtseinsverdunkelnden »Lebensraum« zum »Licht der Erkenntnis« erwacht sind und dadurch von begrenzenden Irrtümern und Bindungen befreit wurden), ist das Ziel der menschlichen Entwicklung, gewissermaßen die »geistige Geburt«, durch welche die mit der körperlichen Geburt eingeleitete Menschwerdung im Bewußtsein vollendet wird.

Evolution: Wörtliche Bedeutung »Auswicklung«. Der als fortschreitende Entwicklung in Erscheinung tretende Schöpfungsablauf.

Frustration, frustriert: Seelische Verkümmerung aufgrund von Enttäuschung und Zurücksetzung, Freudlosigkeit und Unbefriedigtheit, Einengung und fehlender Entfaltungsmöglichkeit, also insgesamt durch eine menschenunwürdige Existenz. Eine solche kann gerade auch ein Leben in äußerem Luxus und Überfluß ohne inneren Sinn bedeuten, so daß heute mehr denn je das Paulus-Wort gilt: »Was nütze es dem Menschen, wenn er die ganze Welt gewönne und doch Schaden nähme an seiner Seele.«

Geist, geistig: Ist keinesfalls in dem bei uns üblichen Sinne von intellektuell, verstandesmäßig, gedanklich (Geisteswissenschaften, geistige Anstrengung usw.) zu verstehen, sondern bedeutet: »Die *eine* Gegenwart, *eine* Macht und *eine* Substanz in diesem und als dieses manifestierte Universum« ebenso wie das wahre Selbst, denn »Ich bin ein lebengebender Geist«.

Gemüt: Gemüt bezeichnet den Bereich des Denkens und Fühlens (der Denkkraft und der Gefühlsnatur). Zwar muß man Denken und Fühlen theoretisch unterscheiden, doch vollzieht sich im praktischen Leben bzw. Erleben beides immer gleichzeitig, so daß es sich eigentlich um »denkendes Fühlen« oder »fühlendes Denken« mit jeweils verlagertem

Schwerpunkt handelt. Die Ebenen des Gemüts lassen sich unterteilen in: das überbewußte, bewußte, unterbewußte und das unbewußte Gemüt.

Gewahrsein: (englisch »awareness«): Ist der durch die Erweckung erlangte Dauerzustand eines Menschen, für den die geistige Wirklichkeit nicht mehr nur einen durch andere vermittelten theoretischen Glaubensinhalt bedeutet, sondern zur eigenen praktischen Erfahrung und selbst erlebten Gewißheit geworden ist.

Identifikation: Beständiges Fließen der Aufmerksamkeit zu einem Gegenstand, einer Sache, einem Zustand, einem Gefühl, zu einem Gedanken führt zur inneren Verschmelzung und Einswerdung mit dem jeweiligen Ding. Unbewußtes Ausrichten der Aufmerksamkeit führt zu Gebundenheit; bewußtes Ausrichten der Aufmerksamkeit führt zu erweitertem Gewahrsein.

Imagination, imaginativ: Die bildhafte Vorstellungskraft, durch die Gedachtes erst mit seelischer Energie erfüllt und so in allen Bewußtseinsbereichen wirksam werden kann (das »innere Bild«).

Initiative: Innerer Beweggrund oder auslösende Kraft, die sofortiges Handeln bewirkt (»Willens-Zündung«).

Inkarnation: Verkörperung (Reinkarnation – Wiederverkörperung) der Seele in einem lebendigen Organismus.

Inspiration, inspirativ: Einer geistigen Offenbarung entspringende und das Denken mit höherem Bewußtsein erfüllende Eingebung (das »innere Wort«).

Intuition, intuitiv: Höchste Erkenntnis durch »liebende Ver-

236

einigung« von Erkennendem und Erkanntem, unmittelbare Erfahrung der Wahrheit (die »innere Führung«).

Involution: Wörtliche Bedeutung »Einwicklung«. Der ursächliche Schöpfungsimpuls, aus dem die ganze Evolution hervorgeht.

Karma: Karma ist das Gesetz von Ursache und Wirkung, Saat und Ernte, das jeder Mensch durch sein Denken, Fühlen und Handeln in Gang setzt. Unter Karma verstehen wir auch das Ergebnis unseres Tuns und Lassens, unseres Gemütszustandes. Wissen wir, daß alles, was wir erleben, Wirkung unseres Gemütszustandes ist, dann wissen wir auch, daß wir jederzeit unser Karma ändern können, weil wir jederzeit unseren Gemütszustand ändern können. Karma heißt, daß das Gesetz uns mit dem gleichen Urteil richtet, mit dem wir uns selbst und andere richten, mit den Gedanken, die wir über das Universum und unsere Beziehung zu ihm in uns tragen.

Kontemplation: Wörtliche Bedeutung »innere Betrachtung«. Sich immer intensiver mit etwas verbinden, sich immer tiefer hineinversenken und schließlich ganz darin aufgehen (»Identifikation«).

Konzentration: Wörtliche Bedeutung »auf einen Punkt gerichtetes Bewußtsein«. Die Kraft der gesammelten Aufmerksamkeit wirkt psychisch ebenso stark wie physikalisch die Kraft der in einem Brennpunkt gebündelten Lichtstrahlen.

Manifestation: Wörtliche Bedeutung »faßbare Offenbarung, endgültige Festlegung«. Die Welt ist greifbarer und sichtbarer Ausdruck des schöpferischen Bewußtseins.

materiell: Gleichbedeutend mit mechanisch oder anorganisch, d. h. körperlich bzw. stofflich.

Meditation: Wörtliche Bedeutung »von der Wesens-Mitte aus den Umkreis (des Bewußtseins) ermessen«. Die gezielte Lenkung unserer Aufmerksamkeit auf den reinen Aspekt (Spiegelung) unseres Seins (»Grals-Schale«).

mental: Gleichbedeutend mit intellektuell oder rational, d. h. gedanklich bzw. begrifflich.

Metaphysik, metaphysisch: Wörtliche Bedeutung »hinter bzw. über dem Körperlichen«, also die Lehre von den wirklichen Ursachen und bewirkenden Energien in allen materiellen Vorgängen und Erscheinungen.

Modelle: Prägende Prinzipien oder Vorbilder, die den Ablauf von Geschehnissen oder Entwicklungen bestimmen. Es gibt *Denkmodelle*, auch »Ideen« genannt, die Grundlage aller bewußten Denkprozesse sind, und *Erfahrungsmodelle*, auch »Engramme« genannt, die sich in allen unterbewußten Reaktionen auswirken.

okkult: Wörtliche Bedeutung »verborgen, geheim«, so daß also auch Atomphysik oder Medizin für jeden Nichtakademiker, aber ebenso technische oder handwerkliche Praktiken für jeden Laien »okkult« sind. Die übliche eingeengte Wortbedeutung in bezug auf unerklärliche Vorgänge resultiert daher nur aus einem einseitig materialistisch eingestellten Bildungssystem, weshalb dem solchermaßen eingeengten Bewußtsein vieles als »okkult« erscheint, was z. B. für Ostasien völlig klar und selbstverständlich ist.

psychosomatisch: Hauptsächlich im medizinischen und psychologischen Bereich gebrauchter Ausdruck für die körperlichen Erscheinungsformen seelischer Vorgänge aufgrund der *psycho-psychischen Identität*, d. h. einfach ausgedrückt, »der Körper ist die Haut der Seele«.

Samadhi (im Zen »Satori«, im Christlichen »Glückseligkeit«):
Ist die höchstmögliche Steigerung des menschlichen Bewußtseins zum reinen Gott-Bewußtsein, indem ich erkenne, daß
»Gott durch mich und als ich wirkt« und diese Erkenntnis
mein ganzes Wesen restlos erfüllt.

Seele, seelisch: Die Schöpfungsideen des »väterlichen« Geistes werden von der »mütterlichen« Weltseele empfangen
und als konkrete Schöpfung »geboren« (in der göttlichen
Gesamtschöpfung ebenso wie in jedem menschlichen
Schöpfungsprozeß). Alles in Erscheinung Tretende existiert
also zuerst als Seele bzw. ist ein Teil der Weltseele in ver-
schiedenartigsten Formen der Verkörperung. Ein lebender
Mensch *hat* demnach nicht eine Seele, sondern er *ist* eine
verkörperte Seele, die beim »Sterben« ihre körperliche Hülle
wieder ablegt. Und wie ein körperlicher Organismus aus den
verschiedensten Organen besteht, so besteht auch der seelische Organismus aus den verschiedensten unterbewußten,
oberbewußten und überbewußten Bereichen.

spirituell: Gleichbedeutend mit geistig (hat also nichts mit
»Spiritismus« zu tun, der sich mit »Geistern« und nicht mit
»Geist« befaßt).

Substanz: Das eigentliche Wesen, der beständige Urgrund,
das in allem Wandel der Erscheinungsformen stets sich selbst
Gleichbleibende.

Transformation, transformieren: Analog zur Umwandlung
elektrischer Energie im Transformator kann und soll auch
geistig-seelische Energie umgewandelt werden. Es ist daher
die doppelte Aufgabe des Menschen, durch den »Transformator« seines Bewußtseins einerseits den »Starkstrom« des
reinen Geistes in den »Schwachstrom« allgemeinverständli-
cher Denkformen und Vorstellungsbilder umzuwandeln, an-

239

dererseits aber auch umgekehrt ständig Materie niederer Schwingung in höherschwingende Materie zu transformieren, bis schließlich im verklärten Leib des Vollendeten die totale Vergeistigung der Materie erreicht ist.

Visualisierung, visualisieren: Wörtliche Bedeutung »sichtbar machen«, ist das Vermögen, reine Gedankenformen in möglichst plastische Vorstellungsbilder zu übertragen, also innerlich zu schauen (Goethe nannte dies »Anschauung«). Je besser dies gelingt, desto wirksamer ist die Praxis schöpferischer Imagination.

vital: Gleichbedeutend mit reaktiv oder organisch, d. h. leiblich bzw. triebhaft.

Wahrheit: Das höchste Bewußtsein, das in seiner Absolutheit dem begrenzten Denkvermögen unfaßbar bleibt, wohl aber für die unbegrenzte Seele unmittelbar erfahrbar ist (siehe *Samadhi*).

Wahrheitslehre(r): Erhebt, richtig verstanden, nicht den Anspruch, die absolute Wahrheit zu kennen, sondern zeigt jedem Menschen die Mittel und Wege, wie er zu seinem ureigensten »Gewahrsein« der Wahrheit gelangen kann (siehe *Erweckung* oder *Erleuchtung*).

Mit freundlicher Genehmigung des Verlags CSA, Rosemarie Schneider, Postfach 4, 61381 Friedrichsdorf.

Literaturhinweise

Addington, Dr. Jack Enseign: »Vollkommene Gesundheit an Körper, Geist und Seele«; München 1981.

Auclair, Marcelle: »Nimm dein Glück selbst in die Hand«; München 1991.

Bach, Richard: »Die Möwe Jonathan«; Berlin 1972. »Illusionen«; Berlin 1978.

Bailes, Frederick: »Ich lebe glücklich«; München 1986.

»Die Bhagavad Gita« (Dr. Franz Hartmann); Calw 1970. (K. O. Schmidt); Ergolding 1984. (Helmut Maldoner); Hamburg 1986. (Roy Eugene Davis); Friedrichsdorf 1980.

Börner-Kray, Brunhild: »Der geistige Weg«; München 1985. »Pfade der Seele«; München 1991. »Wege zur Einweihung«; München 1990. »Nur die Seele kennt die Wahrheit«; München 1991. »Die neuen Gesetze der Wassermann-Energie«; München 1993. »Wassermannzeitalter«; Baden-Baden 1982. »Esoterischer Sommer«; Baden-Baden 1983.

Bordeaux Székely, Dr. Edmond: »Die Lehren der Essener«; »Die unbekannten Schriften der Essener«; »Die verlorenen Schriftrollen der Essener«; Frankfurt 1979.

Bristol, Claude: »Entdecke deine mentalen Kräfte«; »Die Kraft des Mentaltrainings«; München 1985.

Brunton, Paul: »Das Überselbst«; Freiburg 1940.

Cady, H. Emily: »Wahrheitslehre«; Pforzheim 1975.

Challoner, H. K.: »Regenten der Sieben Sphären«; München 1985.

Cole-Whittaker, Terry: »Mentaltraining im Alltag«; München 1987.

Curtis, Dr. Donald: »Wie man Probleme löst«; München 1994.

Davis, Roy Eugene: »Wahrheitsstudien«; »Die Macht der Seele. Erlebte Wirklichkeit«; »So kannst du deine Träume verwirklichen«; »Entfalte dein inneres Potential«; »So erlangst du Erfüllung«; Friedrichsdorf 1979/93.

Emerson, Ralph Waldo: »Essays«; Zürich 1982. »Das Emerson-Brevier« (K. O. Schmidt); Pforzheim 1980. »Spanne deinen Wagen an die Sterne«; Freiburg–Basel–Wien 1980.

Fillmore, Charles: »Die zwölf Kräfte des Menschen«; Pforzheim 1992.

Fox, Dr. Emmet: »Die Kraft der Universellen Energie«; München 1982. »Die Bergpredigt«; »Das mentale Äquivalent«; »Das Vaterunser«; Pforzheim 1966.

Freeman, James Dillet: »Leben in der vierten Dimension«; Pforzheim 1992.

Friebe, Margarethe: »Das Alpha-Training«; »Das Omega-Training«; Geh durchs Tor, Miranda«; »Vom Kopf zum Herzen« (Brevier für die Manager des neuen Zeitalters); Zürich 1990

Gawain, Shakti: »Im Garten der Seele«; »Leben im Licht«; München 1990.

Golas, Thaddeus: »Der Erleuchtung ist es egal wie du sie erlangst«; Basel 1979.

Goldsmith, Joel S.: »Der Geist, der in uns lebt«; »Erleuchtung auf dem Weg zur Verwirklichung«; »Der Weg zum Unendlichen«; »Die Kunst der geistigen Heilung«; »Der Donner der Stille«; »Ein Leben zwischen zwei Welten«; »Die Kunst der Meditation«; Argenbühl-Eglofstal 1969.

Griscom, Chris: »Die Heilung der Gefühle – Angst ist eine Lüge«; »Zeit ist eine Illusion«; »Meergeboren«; »Frequenz der Ekstase«; München 1992.

Haich, Elisabeth: »Einweihung«; Ergolding 1982.

Hartmann, Otto Julius: »Der Mensch als Selbstgestalter seines Schicksals«; Frankfurt/M. 1985.

Hay, Louise: »Gesundheit für Körper und Seele«; München 1989. »Liebe deinen Körper«; Freiburg 1990. »Wahre Kraft kommt von innen«; Freiburg 1992.

Holland, Prof. Dr. Jack H.: »Liebe – Urquell Ihrer Kraft«; Genf 1984.

Holmes, Dr. Ernest: »Vollkommenheitslehre«; Friedrichsdorf 1975. »Der Schlüssel zu deinem wahren Wesen«; Friedrichsdorf 1984. »Das hilft mir heute«; Friedrichsdorf 1990.

Howard, Vernon: »Psycho-Pictographie«; Düsseldorf 1966. »Durch mystische Weisheit zu kosmischer Kraft«; München 1985.

Jampolsky, Gerald G.: »Lieben heißt die Angst verlieren«; München 1981. »Wenn deine Botschaft Liebe ist«; München 1983. »Die Kunst zu vergeben«; München 1987.

Kelder, Peter: »Die fünf ›Tibeter‹«; Wessobrunn 1989.

Kummer, Peter: »Nichts ist unmöglich«; München 1992. »Wunderwerk Unterbewußtsein«; München 1993. »Ich will, ich kann, ich werde«; München 1994.

Meurois-Givaudan, Anne und Daniel: »Essener Erinnerungen«; »Im Lande Kal«; München 1990.

Mulford, Prentice: »Unfug des Lebens und des Sterbens«; Frankfurt/M. 1977. »Die Möglichkeit des Unmöglichen«; Berlin 1972. »Ausgewählte Texte«; München 1986. »Alltagsphilosophie«; Zürich 1981. »Seeleninventar«; Zürich 1982. »Einer, der es wagt«; Pforzheim 1970.

Müller, Brigitte: »Energie der 12-Sonnen-Chakra-Strahlen«; München 1993.

Murphy, Dr. Joseph: »Dein Recht auf Glück«; München 1993. »Die Macht Ihres Unterbewußtseins«; »Die Wunder

Ihres Geistes«; »Energie aus dem Kosmos«; »Die Gesetze des Denkens und Glaubens«; »Das I Ging Orakel«; »Dr. Murphys Vermächtnis«; »Die unendliche Quelle Ihrer Kraft«; »Der Weg zum inneren und äußeren Reichtum«; Genf 1970 ff.; »ASW – Ihre außersinnliche Kraft«; »Finde dein höheres Selbst«; »Das große Buch von Dr. Joseph Murphy«; »Das Superbewußtsein«; »Ihr Weg zu innerer Sicherheit«; »Die Kraft Ihres inneren Friedens«; »Die Kraft schöpferischen Denkens«; »Leben in Harmonie«; »Laß los und laß Gott wirken«; »Die Macht der Suggestion«; »Positiv leben ohne Streß«; »Die Praxis des positiven Denkens«; »Tele-Psi, die Macht Ihrer Gedanken«; München 1979/93.

Paulson, J. Sig: »Liebe deinen Nächsten wie dich selbst«; Pforzheim 1980. »Die 13 Gebote«; Pforzheim 1980. »Lasse dein Licht leuchten«; Friedrichsdorf 1988. »Wunderwirkende Gedanken«; Friedrichsdorf 1988.

Ponder, Dr. Catherine: »Die dynamischen Gesetze des Reichtums«; »Ihr Weg in ein beglückendes Leben«; »Die Heilungsgeheimnisse der Jahrhunderte«; »Bete und werde reich«; München 1980/81/82.

Price, John Randolph: »Deine Zukunft ist jetzt«; München 1986.

Roberts, Jane: »Gespräche mit Seth«; »Die Natur der persönlichen Realität«; Genf 1979/85.

Schmidt, K. O.: »Ohne Furcht leben«; »Der innere Arzt«; »Ein neues Leben für das alte«; »Atom-Energien der Seele«; »Richtig denken – richtig leben«; »Gedanken sind wirkende Kräfte«; »Kehret wieder, Menschenkinder«; »Magie der Freude«; »Das Abc glücklichen Lebens«; »Sei geheilt!«; »Wer denkt, er kann, der kann!«; »Wegweisende Weisheit«; »Der positive Mensch«; Pforzheim 1970/93. »Der kosmische Weg der Menschheit«; »Vorgeburtliche Erziehung«; »Die Grals-Botschaft«; »Universale Religion nach Vivekananda«; »Brücken der Einheit von

Ost und West«; »Das Geheimnis der goldenen Regel«; »Selbsterkenntnis durch Yoga-Praxis«; »Mehr Macht über Leib und Leben«; Ergolding 1971/93.

Schneider, Rosemarie: »Geistes-gegenwärtig leben«; Friedrichsdorf 1987.

Shinn, Florence Scovel: »Das Lebensspiel und seine mentalen Regeln«; München 1990. »Die Kraft deiner Worte«; München 1991. »Bitte, so wird dir gegeben«; München 1991. »Vertraue deiner inneren Stimme«; München 1992.

Silva, José: »Die Silva-Mind-Methode«; »Silva-Mind-Control«; München 1985.

Spalding, Baird: »Leben und Lehren der Meister aus dem Fernen Osten«, Band 1–5; Ergolding 1961.

Streuer, Marianne: »Zauberformel Gedankenkraft«; Genf 1982.

Taniguchi, Dr. Masaharu: »Leben aus dem Geiste«; Freiburg 1979. »Die geistige Heilkraft in uns«; Freiburg 1981. »Erziehung zum Göttlichen«; Hopferau 1983. »365 Schlüssel, um ohne Angst zu leben«; München 1984.

Trine, Ralph Waldo: »In Harmonie mit dem Unendlichen«; Stuttgart 1984.

Wilde, Stuart: »Wunder«; »Die Kraft ohne Grenze«; »Affirmationen«; »Geld«; »Leben war nie als Kampf gedacht«; Basel 1993.

Yogananda, Paramahansa: »Autobiographie eines Yogi«; Bern/München 1979. »Wissenschaftliche Heilmeditationen«; Bern/München/Wien 1962. »Worte des Meisters«; München 1977.

Zeitschriften

»Neues Denken«, Zeitschrift für Selbstdynamisierung und Bewußtseinserweiterung, Herausgeber: CPS (vorm. Freundeskreis Dr. Joseph Murphy), Morgenrothstraße 13, 81677 München.

»CSA Magazin für ein gesundes und erfülltes Leben«. Herausgeber: Verlag CSA, Rosemarie Schneider, Postfach 4, 61381 Friedrichsdorf.

»Ja« – Monatszeitschrift für dynamische Lebensgestaltung und geistige Erneuerung. Herausgeber: Frick Verlag GmbH, Postfach 447, 75177 Pforzheim.

»Lichtbrücke«. Herausgeber: Die Brücke zur Freiheit e.V., Ballenstedter Straße 16b, 10709 Berlin.

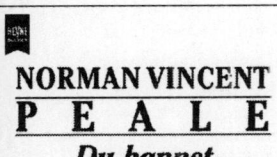

Silva Mind
Der Schlüssel zur inneren Kraft

08/9599

Außerdem lieferbar:

José Silva/Philip Miele
Silva Mind Control
*Die universelle Methode zur
Steigerung der Kreativität und
Leistungsfähigkeit des menschlichen
Geistes*
08/9538

José Silva/Burt Goldman
Die Silva-Mind-Methode
Das Praxisbuch
08/9549

Robert B. Stone
Der Weg zu Silva Mind
*Das Geheimnis der Silva Mind
Methode und die Geschichte ihres
Begründers José Silva*
08/9615

José Silva/Robert B. Stone
**Die Silva Mind-Control-
Methode für Führungskräfte**
22/247

Wilhelm Heyne Verlag
München